Caminhos da Realização

Dados Internacionais de Catalogação na Publicação (CIP)
(Câmara Brasileira do Livro, SP, Brasil)

Leloup, Jean-Yves
   Caminhos da realização : dos medos do eu ao mergulho no Ser / Jean-Yves Leloup. 20. ed. Tradução de Célia Stuart Quintas, Lise Mary Alves de Lima, Regina Fittipaldi. – Petrópolis, RJ : Vozes, 2013.

   10ª reimpressão, 2025.

   ISBN 978-85-326-1729-3
   1. Bíblia. A.T. Jonas – Crítica e interpretação 2. Holismo 3. Psicologia transpessoal 4. Realização pessoal I. Título.

96-3934   CDD-150.193

Índices para catálogo sistemático:
1. Psicologia transpessoal : Psicologia holística 150.193

Jean-Yves Leloup

Caminhos da Realização

**DOS MEDOS DO EU
AO MERGULHO NO SER**

Tradução:
Célia Stuart Quintas
Lise Mary Alves de Lima
Regina Fittipaldi

Organização:
Lise Mary Alves de Lima

Petrópolis

© 1996, Editora Vozes Ltda.
Rua Frei Luís, 100
25689-900 Petrópolis, RJ
www.vozes.com.br
Brasil

Todos os direitos reservados. Nenhuma parte desta obra poderá ser reproduzida ou transmitida por qualquer forma e/ou quaisquer meios (eletrônico ou mecânico, incluindo fotocópia e gravação) ou arquivada em qualquer sistema ou banco de dados sem permissão escrita da editora.

CONSELHO EDITORIAL

PRODUÇÃO EDITORIAL

Diretor
Volney J. Berkenbrock

Editores
Aline dos Santos Carneiro
Edrian Josué Pasini
Marilac Loraine Oleniki
Welder Lancieri Marchini

Conselheiros
Elói Dionísio Piva
Francisco Morás
Teobaldo Heidemann
Thiago Alexandre Hayakawa

Secretário executivo
Leonardo A.R.T. dos Santos

Anna Catharina Miranda
Eric Parrot
Jailson Scota
Marcelo Telles
Mirela de Oliveira
Natália França
Priscilla A.F. Alves
Rafael de Oliveira
Samuel Rezende
Verônica M. Guedes

Diagramação: Sheilandre Desenv. Gráfico
Revisão gráfica: Andréa Drummond
Capa: George Milek

ISBN 978-85-326-1729-3

Este livro foi composto e impresso pela Editora Vozes Ltda.

Conteúdo

Prefácio, 9

Introdução, 11

Uma nota sobre a tradução, 15

O Complexo de Jonas ou os Medos do Eu, 17
    Introdução, 19
    O Livro de Jonas, 23
    Primeiro Capítulo
        Quem é Jonas, 28
        Alguns arquétipos, 29
        A escada do desejo e do medo, 35
        Morte e ressurreição, 42
        Os medos de Jonas e os nossos medos, 45
        O medo do sucesso, 45
        O medo da diferença, 49
        O medo de mudanças, 54
        O medo de se conhecer, 54
    Segundo Capítulo
        O mergulho no inconsciente, 57
        O tornar-se autêntico, 60
        Cuidar do Outro, 62
        A felicidade de ver os maus castigados, 64
        A missão, 70

Terceiro Capítulo
   O medo de amar, 74
Epílogo, 82
Apêndice (Perguntas e respostas), 84

Masculino, Feminino e Síntese
Introdução, 127
Arquétipos femininos, 128
   A samaritana, 128
      O texto evangélico, 128
      As etapas do caminho, 130
      Resumo das etapas, 138
   Maria Madalena, 141
      Introdução, 141
      A mulher de desejos desorientados, 142
      A contemplativa, 147
      A intercessora, 149
      A intuição que profetiza, 150
      A acompanhante dos moribundos, 152
      A testemunha da ressurreição, 155
      A iniciadora, 157
      Resumo dos arquétipos, 164
   Maria, 165
      A Virgem Maria, 167
      A Anunciação, 169
      As Bodas de Caná, 174
      Maria aos pés da cruz, 176
      Pentecostes, 178
      As aparições da Virgem, 178

Arquétipos Masculinos, 181
   Introdução, 181
   Judas, 181
      Da expectativa ao desespero, 182
      O ter e o ser, 184
      A sombra, 186

Pedro, 188
   A pedra, 188
   A negação, 189
   As formas de amor, 191

O arquétipo da síntese, 196
   Jesus, 196
      O Teântropos, 196
      A aliança, 198
      A sinergia, 199
      O respeito, 202
   O Caminho do Meio em Psicologia, 204
      O Filho, 204
      A comunhão, 206

Apêndice (Perguntas e respostas), 209

Prefácio

Jean-Yves Leloup, Mestre do Transpessoal

Depois de ter apresentado para o público brasileiro a tradução do seu livro *Cuidar do Ser*, que nos brinda com uma primorosa exposição sobre os Terapeutas, do texto de Fílon de Alexandria, enriquecida dos seus próprios comentários, Jean-Yves Leloup nos oferece, agora, uma coletânea de suas palestras realizadas em dois seminários, na Unipaz de Brasília, onde vem regularmente ensinar na Formação Holística de Base e em Psicologia Transpessoal.

Sem dúvida, Jean-Yves Leloup pode ser considerado um dos maiores expoentes da Psicologia Transpessoal. Doutor em Filosofia, Teologia e Psicologia Transpessoal, com formação realizada na França e nos Estados Unidos, Leloup despertou para o Cristianismo depois da adolescência, tendo recebido o seu batizado no Monte Athos, Grécia, evento que foi objeto do seu primeiro livro. Sacerdote no fundo do seu coração e da sua alma, o padre Jean-Yves Leloup foi ordenado na Igreja Ortodoxa após uma odisseia espiritual relatada em sua autobiografia, *L'Absurde et la Grâce*. Discípulo do grande terapeuta e místico Karlfried Graf Dürckheim, Leloup é muito solicitado para dar conferências e cursos no mundo inteiro, notável pelo seu caráter lúcido, inspirado e pelo toque transpessoal que comunica nas suas interpretações e exegeses.

Há quatro anos [1992], Jean-Yves Leloup fundou o Colégio Internacional dos Terapeutas, com sede na Unipaz, cuja direção brasileira confiou a Roberto Crema. É uma ideia bastante fértil já que resgata e faz reviver, no século XXI, o espírito original dos Terapeutas de Alexandria, com as aquisições da terapia atual. Este livro pode ser considerado um excelente *vade mecum* para quem quer se inspirar nesse espírito.

Pierre Weil
Reitor da Unipaz

Introdução

Este livro é um poema de sabedoria. Extraído de dois seminários orientados por Jean-Yves Leloup, em 1995, para a Formação Holística de Base e a Formação em Psicologia Transpessoal da Unipaz, tem o encantamento e a fluidez emanadas de uma fonte rara de inteligência hermenêutica. São palavras lúcidas geradas no ventre de um profundo silêncio contemplativo, dirigidas do templo do coração ao coração, do relicário do Ser ao Ser.

A primeira parte dessa obra é centrada no tema do *Complexo de Jonas*, desvelando um caminho em direção ao despertar transpessoal, a partir de um amplo mapa dos medos do Eu, de nosso psiquismo pessoal. A leitura simbólica da trajetória de Jonas é uma indicação e inspiração para a aventura heroica da realização vocacional, longo processo de plenificação da semente singular e da promessa encarnada na essência de cada ser humano.

A segunda parte focaliza o amplo horizonte do *Masculino, Feminino e Síntese* onde, como postulavam os Antigos Terapeutas, os personagens das Escrituras Sagradas, além da sua dimensão histórica, são considerados arquétipos de estados de consciência e de estágios evolutivos da existência. Percorreremos itinerários de metamorfoses de grandes imagens estruturantes da condição humana. Sentaremos, com a Samaritana, no poço de Jacó; ascenderemos os degraus iniciáticos da via apaixonada de Maria Madalena; contemplaremos o manto de silêncio inocente e imaculado de Maria e caminharemos com as sandálias de Pedro, Judas e João

Batista. Sempre à luz de uma sabedoria crística apontando para o resgate do Espírito.

Para Jean-Yves Leloup, o Terapeuta é um *suposto escutar*. Trata-se aqui de uma escuta inclusiva que não divide o que a própria Vida uniu: o corpo, a psique e o espírito.

Uma grande tragédia contemporânea, fruto do reducionismo cienticista que, à moda clássica do *diabolos* – aquele que semeia a desunião – tudo divide e separa, é a modelagem alienada da especialização, determinante de uma visão e escuta dissociadas e minimizadas. Uma pessoa com o corpo ferido procura um psicólogo que só escuta a psique; outra, com a psique sangrando, procura um sacerdote que só escuta o Espírito; ainda outra, sofrendo com a desvinculação da essência espiritual, procura um médico que só escuta o corpo... Onde seremos escutados como o todo indissociável que somos?

Gosto de confiar que, num futuro breve e mais saudável, sem regredir ao ideal ingênuo do generalista, evoluiremos do enfoque fragmentado da especialização para o enfoque da *vocação*. Na abordagem vocacional a pessoa, como uma planta, é convidada a fincar as suas raízes no solo fecundo de seus talentos particulares e a remeter o seu caule e copa em direção ao firmamento. Assim, o desenvolvimento de uma habilidade singular não nos cegará a visão do todo, seguindo o sábio preceito taoísta: o alto descansa no profundo.

Para que haja um espaço de Escuta da inteireza humana é que foi criado, em 1992, o Colégio Internacional dos Terapeutas (CIT), sob a orientação de Leloup e com sede na Unipaz. Inspirado na tradição dos Terapeutas de Alexandria que no início da era cristã deixou-nos o surpreendente e precioso legado de uma abordagem holística aplicada à saúde integral, o CIT realiza as dimensões interconectadas de uma clínica, de uma escola e de um templo. Destinado a congregar terapeutas de diversas formações e competências que comungam uma antropologia, ética e prática holísticas, tendo como centro a inteireza do Ser, a tarefa comum postulada pela CIT resume-se em dez Orientações Maiores centradas em: plenitude, ética, silêncio, estudo, generosidade, reciclagem, reconhecimento, anamnese essencial, despertar da Presença e fraternidade.

Este é o grande resgate para o qual nos convoca Jean-Yves Leloup, sacerdote, filósofo, psicólogo e, sobretudo, poeta da sabedoria de Cristo, o Cristo que é o arquétipo soberano do Terapeuta em sua plenitude. "Uma floresta cresce silenciosamente", afirma Leloup. Que floresçam em abundância e virtude estes novos e antigos terapeutas, aliados na conspiração premente pelo reino do Ser.

Para que o leitor pudesse saborear esta Canção de Amor que tem nas mãos, muito temos a agradecer às tradutoras e colaboradoras da Unipaz: Regina Fittipaldi (pró-reitora da Unipaz), Célia Stuart Quintas e Lise Mary Alves de Lima. Alguns dos presentes gravaram os dois seminários e, gentilmente, apressaram-se em nos ceder as fitas cassetes.

Estas foram decodificadas para a escrita, em uma dedicada obra artesanal, por Lise Mary Alves de Lima. A Rede Holos agradece.

Roberto Crema
do Colégio Internacional dos Terapeutas

Uma nota sobre a tradução

É com muito carinho que passamos às mãos de vocês este texto. Ele nasceu do nosso desejo em compartilhar a graça e a alegria de escutar Jean-Yves Leloup. Uma Escuta que passou por muitas fases.

De nós três, apenas Regina tem experiência em tradução. Uma tradução "sucessiva", não simultânea, para um auditório pequeno e cheio de gente. Pessoas em pé, sentadas em cadeiras e no chão. E muito calor dentro e fora da gente. Regina traduziu todo o seminário sobre Jonas. Célia e Lise se revezaram no segundo texto.

Como Lise não lembrava uma palavra do que tinha traduzido, procurou pessoas que tinham gravado. Conseguiu dois lotes de fitas e começou a decodificá-las. Cada vez que terminava uma fita, um grande "buraco negro" aparecia no texto. Era preciso procurar no outro lote as frases que faltavam. Além disso, as pessoas no auditório faziam as perguntas sem microfone e muitas delas, como vocês podem notar, se perderam.

Aos poucos os textos tomaram forma. E foram ficando com o aspecto de Boa-nova, de Evangelho. Por isso, num primeiro momento, demos a ele o nome de "Evangelho segundo Jean-Yves", e ele foi o nosso presente de Natal.

Algumas vezes foi preciso colocar uma observação nossa, para que as pessoas que não assistiram aos seminários pudessem entender. Vocês vão encontrar estas observações entre parênteses, precedidos de N.T. (Nota de Tradução). Algumas perguntas, também, geraram respostas semelhantes em ambos os seminários. Como elas se complementavam, nós as conservamos.

Esperamos que vocês aproveitem, como nós, estas palavras de sabedoria. E, fazendo nossas as palavras de Jean-Yves, deseja-mo-lhes boa viagem!

Célia Fittipaldi
Lise Mary Alves de Lima
Regina Fittipaldi

O COMPLEXO DE JONAS
ou
Os Medos do Eu

Introdução

Neste Seminário estudaremos o Livro de Jonas, que é uma passagem do Antigo Testamento.

Jonas é aquele que prefere ficar deitado e quando a Voz Viva vem visitá-lo em seu íntimo, ele resiste. Deste modo, Jonas tem muito a nos ensinar sobre os nossos medos, as nossas resistências, sobretudo sobre o que pode ser, para nós, um obstáculo à descoberta do nosso ser essencial verdadeiro e da missão que dela decorre.

Nós entramos no espírito dos Terapeutas de Alexandria, para os quais cada personagem bíblico é um *arquétipo*, isto é, uma imagem estruturante, uma imagem interior, a encarnação de um estado de consciência no espaço e no tempo. Estudar estes personagens e estes estados de consciência é um modo de iluminar o nosso próprio caminho e nosso "vir a ser" (nosso tornar-se).

Jonas, neste espírito, é cada um de nós. É cada um de nós em seu contato com o transpessoal, com as dificuldades que este contato pode trazer, com as esperanças que ele pode despertar e também com o medo que ele pode nos trazer.

Estudaremos, portanto, os diferentes medos que nos habitam, os medos que se situam no nível pessoal, ligados à nossa estória de infância e à nossa estória de jovens, adultos, assim como o medo que se situa no nível do transpessoal.

Estas formas de medo foram bem estudadas por Abraham Maslow e por outros psicólogos humanistas quando fazem referência ao *Complexo de Jonas*, que é o medo da nossa própria grandeza e das exigências que dela decorrem. Porque não é suficiente reconhecer o que há de grande em nós, o que temos de bom e de divino em nós mesmos. Trata-se de questionar o que esta divindade quer manifestar através de nós. Quando a pressentimos, às vezes preferiríamos não saber, recusando, neste caso, o nosso ser essencial.

Conhecemos a recusa da sexualidade, a recusa da criatividade e sabemos dos problemas e sintomas que estas recusas podem causar. Conhecemos menos as consequências da recusa ao nosso ser essencial. O desequilíbrio e o estado de infelicidade que esta recusa pode introduzir em nós.

Também, neste seminário, nos perguntaremos sobre o que nos faz medo, o que nos faz mais medo, sobre o que nos impede de sermos verdadeiramente humanos, o que impede à vida de se realizar através de nós, o que impede que o desígnio de Deus se realize através de nós.

O Livro de Jonas será também para nós uma oportunidade de nos interrogarmos sobre nossa missão, sobre nossa vocação. O que cada um de nós tem de particular e único. O que é que eu tenho a fazer nesta vida, que pessoa alguma pode fazer em meu lugar.

Eu acredito que cada um de nós tem uma maneira única e insubstituível de encarnar a vida. De ser inteligente – a maneira de uma pessoa ser inteligente não é a mesma maneira da outra. O modo de amar de um não é o modo de amar do outro. Trata-se, então, de nos interrogarmos sobre o nosso modo, único, de sermos inteligentes, de sermos humanos, de estarmos vivos. É o que se pode chamar de nossa vocação ou de nossa missão. Isto não é tão simples porque, às vezes, nós assumimos como sendo nosso desejo aquilo que é o desejo de nossos pais ou o desejo da sociedade, ou o desejo de tudo o que nos influenciou.

O Livro de Jonas nos convida a escutar em nós mesmos um desejo mais profundo do que todos estes desejos que foram projetados em nós.

Reencontrar o nosso desejo essencial: esta é uma boa definição de saúde que nós encontramos descrita no mundo psicanalítico, e que é se manter o mais próximo possível do seu desejo essencial. Podemos sofrer, ter dificuldades, mas quando estamos próximos do nosso desejo essencial, do nosso ser essencial e verdadeiro, estas provas e estas dificuldades podem ser superadas.

Mas a questão é: o que, verdadeiramente, nós queremos? O que desejamos verdadeiramente? O que é que quer e o que é que deseja, em nós?

Além do desejo do Eu (e do Ego), trata-se de sermos capazes de escutar o desejo do Self, quaisquer que sejam as suas exigências. Porque se não escutamos este desejo, vamos ter problemas não somente em nós mesmos, mas também no exterior. Em Jonas, isto vai provocar tempestades.

Então, num primeiro momento, leremos o Livro de Jonas. Em seguida nos interrogaremos sobre os símbolos deste texto. Vamos imaginar que estamos junto à lareira, escutando uma estória...

Esta estória de Jonas é preciso concebê-la com nossos sonhos, pois vocês sabem que os textos sagrados são textos do inconsciente. Trata-se de escutá-los como se fossem um sonho ou um testemunho do inconsciente. Eles não falam somente à nossa razão, ao mundo das explicações, mas falam ao mundo dos sentidos, através de imagens e símbolos. É um livro que nos faz pensar e é também um livro que nos faz sonhar. E a chave deste sentido, desta palavra que é atribuída à fonte divina, pode nos ser dada, também, através dos sonhos.

Finalmente perguntaremos o que é que, no Livro de Jonas, nos fez sonhar...

O Livro de Jonas

Era uma vez...

– A Palavra d'Aquele que É chega até Jonas. E lhe diz: "Levanta-te, desperta, vai a Nínive, a grande cidade, prega nela que eu tenho consciência de sua maldade. Eu, o Ser que É, sinto a loucura desta cidade e a sua doença. Vai a Nínive". Jonas levanta-se, mas para fugir. Fugir da presença d'Aquele que É. E, ao invés de ir para Nínive, ele se dirige a Társis. Ele desce a Jope, onde encontra um barco partindo para Társis. Ele paga o seu bilhete e desce ao interior do barco para ir com os outros passageiros a Társis, fugindo da presença d'Aquele que É. Seus ouvidos se fecham a esta palavra que o convida a ir a Nínive.

Então, o Ser que é Aquele que É lançou um grande vento sobre o mar. E houve uma tempestade tão grande que todos pensaram que o barco ia naufragar. Os marinheiros tiveram medo e rezaram, cada um a seu deus. Eles jogaram ao mar toda a carga que traziam no navio para que este ficasse mais leve.

Entretanto, Jonas tinha descido ao porão do navio e ali se deitou, dormindo um profundo sono. O capitão foi procurá-lo e lhe disse: "Como podes dormir tão profundamente? Como podes dormir no meio deste desespero que nos faz sucumbir? Levanta-te, desperta, invoca teu Deus. Talvez este teu Deus possa nos ouvir, talvez que, com este teu Deus, não pereçamos".

O tempo passou. E então se disseram uns aos outros: "Nós não vemos uma solução. Joguemos os dados para sabermos por que este mal nos acontece". Eles lançaram os dados e caiu a sorte sobre Jonas. E eles disseram: "Diz-nos agora, de quem é a culpa deste mal que se abate sobre nós? Qual é a causa desta infelicidade que nos acontece? Quem é o culpado? E tu, quem és tu? Qual é a tua profissão? De onde vens? Qual é o teu país? Qual é o teu povo?" Jonas respondeu: "Eu sou um hebreu (a palavra "hebreu" quer dizer alguém que está de passagem). Eu temo Aquele que É, o Deus do céu que fez o mar e a terra. Aquele que fez o ser, as coisas e que contém todas as coisas".

*Os marinheiros tiveram medo e lhe perguntaram: "O que tu fizeste? Por que tu fugiste?" Porque estes homens compreenderam, pelo que dizia Jonas, que ele era um homem que fugia à presença do Ser. E lhe disseram: "O que devemos fazer contigo para que o mar cesse de se levantar contra nós?" Porque o mar estava mais e mais a*gitado. Jonas lhes disse: "Peguem-me e lancem-me ao mar". Ele reconheceu que ele era a causa do que lhes acontecia. Que sua perturbação interior projetava perturbação ao exterior. "Eu sei que a causa desta grande tempestade é a minha culpa".

Os homens puseram-se a remar, energicamente, em direção à costa, e não conseguiam chegar porque o mar se agitava cada vez mais contra eles. Então clamaram Àquele que É, dizendo: "Por favor, Senhor, não nos faças perecer por causa deste homem. Não nos acuses pelo sangue inocente, porque tu és Aquele que É e tu fazes o que bem te apetece". Então eles pegaram Jonas e o lançaram ao mar. E o mar acalmou a sua fúria. Estes homens sentiram um grande temor, realizaram atos sagrados e se inclinaram na presença d'Aquele que É.

Neste momento, Aquele que É preparou um grande peixe para engolir Jonas. E Jonas esteve nas entranhas do peixe durante três dias e três noites. Nas entranhas do peixe, Jonas rezou a seu Deus, rezou Àquele de quem fugiu e de onde não mais podia fugir. E disse: "Eu te chamo, ó Tu que És, em minha tribulação. Do ventre do inferno eu grito por ajuda. Eu sei que Tu escutas a minha voz, Tu o silencioso, o além de tudo. Tu me precipitastes no mais profundo do mar, ao sabor das ondas a corrente das águas me cercou, as vagas passaram por cima de mim. Então eu pensei que fui rejeitado para longe dos teus olhos e, contudo, eu continuo a olhar para o teu templo santo. As águas me asfixiaram até a morte, o abismo me arrodeou, as vagas envolveram minha cabeça. À base das montanhas eu desci. Eu estou no inferno. Mas eu sei que Tu podes reerguer minha vida, perdoar meus erros, Tu que és a fonte do meu ser. Minha salvação é a minha lembrança de Ti. Minha salvação está na lembrança do Ser. Os que se entregam às vaidades esquecem a graça do teu Ser. Do fundo do inferno, eu quero agora cumprir o que Tu me mandaste fazer".

E, neste momento em que Jonas aceitou o desejo que habitava nele, quando ele escutou a voz que estava nele, o peixe o vomitou sobre a terra firme.

Assim, aconteceu que a palavra d'Aquele que É chegou de novo até Jonas. A mesma palavra de antes e de depois das provações. Esta palavra lhe dizia: "Levanta-te, Jonas, desperta. Vai! Anda! Vai a Nínive, a grande cidade e faze-lhes escutar a pregação que Eu te digo". Desta vez, Jonas levantou-se e foi a Nínive, seguindo as ordens d'Aquele que É.

Ora, Nínive era uma cidade de dimensões enormes, sendo necessário três dias para atravessá-la. E desde o primeiro dia em que entrou na cidade, Jonas começou a pregar: "Se vós continuais a viver assim, se vós continuais a viver na violência e no erro, em quarenta dias Nínive será destruída. Vós pagareis pelas consequências de vossos atos. Isto não vai durar, não pode durar!..."

O povo de Nínive, escutando estas palavras, creu no que Jonas anunciava, e ordenaram um jejum, vestiram-se de sacos, desde o maior até o menor. E neste dia eles ficaram todos iguais, não havia ricos nem pobres. Todos se vestiram de sacos de aniagem.

Quando esta nova chegou aos ouvidos do Rei de Nínive, ele levantou-se do seu trono, despojou-se de suas roupas reais. E todos viram que, sob a coroa, o rei estava nu. Ele estava da cor da pele, como todos os outros. Ele se cobriu apenas com um saco e sentou-se sobre as cinzas. E fez proclamar a Nínive: "Por ordem do Rei e de sua corte nem homem nem animal, de pequeno ou de grande porte, comerá nada, provará ou beberá nada, nem mesmo água. Homens e animais cubram-se de sacos e voltem-se para o Ser que os fez ser, com todo o fervor. Cada um se arrependa do seu mau caminho e da violência em suas ações. Quem sabe, talvez Deus se arrependa, se detenha em sua cólera e nós não sofreremos mais as consequências negativas dos nossos atos". Aquele que É viu o que se passava, viu que o povo se convertia e o mal, que devia acontecer, não aconteceu.

Mas Jonas ficou muito irritado e se encolerizou, porque o mau deve perecer, a justiça deve ser feita ao injusto, e dirigiu-se ao Senhor: "Senhor, não era isto que eu tinha previsto, que Tu és um Deus injusto, que não punes os maus. É por isto que eu fugi para Társis, porque eu sabia que Tu és um Deus cheio de graça e de misericórdia, que não amas a cólera e és rico em bondade. Agora, Senhor, eu estou farto. Tira a minha vida, porque eu prefiro morrer a viver assim". Aquele que É, disse-lhe: "Será que tu tens razão de ficar irritado?" Jonas não quis escutar mais nada. E foi embora, novamente, para longe do seu Deus.

Ele foi sentar-se ao leste da cidade, construiu para si uma cabana e lá ficou para observar o que aconteceria. E Aquele que É fez nascer uma planta, que cresceu por sobre a cabeça de Jonas, a fim de dar-lhe sombra e protegê-lo do calor. Jonas ficou cheio de uma grande alegria por causa dessa planta. Mas então, de madrugada, Deus enviou um verme que roeu as raízes da planta e ela secou. Porque as coisas da vida nunca acontecem como nós queremos que aconteçam. Aquilo que gostaríamos que durasse, não dura muito tempo; e aquilo que gostaríamos que desaparecesse, permanece.

E quando o sol se levantou, Deus enviou, do leste, um vento abrasador. O sol batia na cabeça de Jonas e ele pensou que ia desmaiar.

Jonas pediu a morte, dizendo: "Eu prefiro morrer a viver assim". E Deus disse a Jonas: "Será que fazes bem em ficar irado por causa desta planta?" Jonas respondeu: "Eu sei bem da minha vida. Eu tenho razão em ficar irado". Então, Aquele que É lhe diz: "Tu tiveste piedade de uma planta que não te custou esforço algum, que nasceu e morreu entre uma noite e outra. E por que eu não terei piedade de Nínive, a grande cidade, onde há mais de cento e vinte mil pessoas que não distinguem sua mão direita da sua mão esquerda, que não distinguem o bem do mal e onde há, também, muitos animais?"

E assim termina o Livro de Jonas.

Primeiro Capítulo

É preciso agora que meditemos sobre o Livro de Jonas e cada um, segundo o seu nível de consciência, poderá compreender o seu sentido. O que eu lhes proponho são as interpretações da Tradição, da tradição judaica e da tradição cristã antiga, juntamente com as interpretações dadas pela psicologia da profundeza. Desta maneira nós chegaremos à nossa dimensão pessoal e, ao mesmo tempo, à nossa dimensão transpessoal.

Quem é Jonas

O nome Jonas, *Iona* em hebreu, quer dizer *a pomba*. Uma pomba que tem as asas aparadas. Assim Jonas é o símbolo do homem que tem as asas do homem alado, como nos fala Platão. Do homem material, que tem nele uma dimensão espiritual mas que renegou essa dimensão espiritual e que cortou as suas asas. Jonas é o homem que, em cada um de nós, deseja voar sem deixar de ter os seus pés na terra. É o homem, no espaço-tempo, que pode abrir-se à transcendência mas que se fecha a esta transcendência e corta suas próprias asas. Talvez não seja ele mesmo que corte suas asas. Algumas vezes é a sociedade, algumas vezes é o meio em que ele vive.

Observamos, a propósito de Jonas, que existe dentro dele um medo muito particular. Se ele se põe à escuta desta voz interior, vem o medo de ser diferente dos outros. Este medo é muito profundo, e nós o estudaremos no decorrer do seminário. É o medo da diferença, o medo de ser único, que implica uma adesão à sua vocação profunda.

Alguns arquétipos

A palavra que é dirigida a Jonas, inicialmente, é: *"Levanta-te, desperta!"* Mas Jonas é um homem que quer permanecer deitado, adormecido, que não quer ouvir falar em transcendência, que não quer ouvir falar do transpessoal. Sua vidinha lhe basta. O que ele pode compreender com sua razão, lhe é suficiente. O que ele pode sentir com os seus cinco sentidos, lhe basta. Não existe nada além disso. Sua voz interior, esta voz que vem de fora, de um lugar mais profundo que ele mesmo, ele não quer escutar.

Mas a Palavra o persegue. É uma palavra que pede que nos ponhamos de pé, que pede para não sermos mais homens e mulheres deitados e adormecidos, a fim de reencontrarmos nossa retidão. E estas são, para nós, boas questões. O que é que nos pode colocar de pé? O que é que pode fazer de nossa vida uma inspiração? O que é que pode fazer com que nossa vida valha a pena ser vivida? Por que não ficarmos deitados? Em que nós trabalhamos? Para quem nós trabalhamos? Para que nos levantamos a cada manhã? Será que não era preferível ficar na cama? E não fazermos nada?

Este é o estado de espírito de Jonas e este é o nosso estado de espírito, em algum momento de nossas vidas. Sobretudo quando esta voz interior nos pede para ir a Nínive.

Nínive é uma palavra hebraica, que em assírio tem outro nome. Nínive foi a última capital da Assíria, situando-se à margem direita do Tigre. Até hoje podem-se ver suas ruínas. Pode-se imaginar que era uma metrópole imensa. Ela foi destruída em 620 d.C. pelo exército dos persas, aliados da Babilônia.

Para Jonas, Nínive era a cidade dos inimigos. Era a cidade daqueles que destruíam o seu povo e ele se interroga como é que Deus pode mandá-lo aos inimigos do seu povo, aos perseguidores do seu povo. Assim, ele prefere ir para Társis. Társis fica à beira-mar e na época era uma colônia fenícia. Ir a Társis, para um judeu, era como ir a um país maravilhoso, para passar suas férias.

Quando Deus lhe pede para ir aos seus inimigos, Jonas fecha os ouvidos e vai exatamente em sentido contrário. Ele foge. Esta exigência foi-lhe inspirada em seu interior. *Ele vai a Jope* (cidade que até hoje existe em Israel), *onde ele tomará um barco para Társis.*

Portanto Jonas, num primeiro momento, é o *arquétipo do homem deitado*, adormecido, do homem que não quer se levantar e não quer cumprir missão alguma. É o *arquétipo do homem que foge*, que foge de sua identidade, que foge de sua palavra interior, que foge desta presença do Self no interior do Eu. Esta fuga de sua voz interior vai provocar um certo número de problemas no exterior dele mesmo.

Este é um tema de reflexão interessante para nós. Quando mentimos a nós mesmos, quando fugimos de nossa vocação, quando renegamos o nosso ser essencial, ocorrem consequências nefastas, não somente para nós mesmos, mas também para nosso ambiente.

E este é o símbolo da tempestade que vem agitar a barca. Os redemoinhos que nós não aceitamos em nosso inconsciente projetam-se ao exterior. A nossa culpa, de uma certa maneira, nós a projetamos nos outros. Não ser você mesmo, não escutar o seu desejo mais profundo, acarretará consequências sobre o outro – é bom que o saibamos. Estar em harmonia consigo mesmo, escutar a sua voz interior, mesmo se esta voz tem exigências que nos fazem medo, é bom para nós mesmos e não acarretará consequências nefastas para o nosso próximo.

Mas Jonas dorme. Ele está deitado, profundamente adormecido, no interior do barco. Esta é uma prática sempre contemporânea. Há um certo número de remédios, que não apenas nos aliviam a dor, mas que nos aliviam, também, a nossa consciência.

Esta é uma outra questão: Como aliviar a dor sem adormecer a consciência? Sem destruir a consciência? Esta é uma pergunta que eu me faço, frequentemente, à cabeceira dos agonizantes. Na França, este método chama-se "tratamento paliativo", que permite aliviar e tirar a dor sem destruir a consciência. Sem retirar de alguém a sua morte. E, neste caso, Jonas representa o homem que adormece a sua consciência, que não quer saber, que não quer conhecer e que desce ao fundo da rejeição à sua consciência, na profundidade dele mesmo.

Mas o *capitão vem procurá-lo.* E, algumas vezes, o capitão pode ser o grito de uma criança (N.T.: No auditório há um bebê que chora), alguma coisa que nos impede de dormir à noite, algumas vezes uma má consciência. E uma consciência má não é sempre tão má. Às vezes, é um estado de lucidez, de que nós não podemos ser completamente felizes, se todos os outros não o são.

É esta consciência que vai despertar Jonas, simbolizada pelo capitão. A palavra capitão vem do latim *caput,* que quer dizer a cabeça. Representa o raciocínio que nos faz tomar consciência de que a nossa própria sorte não é separada da sorte dos outros. Como então compreender, quando isto nos acontece?

Os marinheiros vão chamar pelos seus deuses, isto é, chamar as forças às quais eles se confiam, as energias das quais esperam o socorro e essas energias, essas forças não respondem às suas preces. Eles não compreendem o que se passa e então vão jogar dados.

Este é um ensinamento para nós, quando um certo número de fenômenos não pode ser explicado pela razão, é necessário que façamos apelo ao irracional. É o que conhecemos por adivinhação.

Temos as cartas, a interrogação dos astros e todas as espécies de métodos de adivinhação. É interessante observar que nesta passagem da Bíblia, numa situação de infortúnio, é possível apelar para este gênero de recurso e pedir aos dados uma explicação, uma indicação, para o que está acontecendo.

Os dados apontam para Jonas. Perguntam-lhe: "De onde vens? Qual é o teu país? Qual é a tua profissão? Quem és tu?" Despertam-no para sua identidade. Algumas vezes é através de exercícios irracionais que somos levados a nos colocarmos questões essenciais da vida.

Jonas lhes responde: "Eu sou um hebreu". E vocês sabem que o som da palavra *hebreu* na língua semita significa: eu estou de passagem, eu sou um peregrino sobre a terra, eu estou de passagem neste espaço-tempo. Portanto Jonas toma consciência de seu ser de passagem, da impermanência do seu viver. E no fundo desta impermanência, ele crê no Ser que o faz ser. Não é um deus entre os deuses, mas o Criador dos deuses. É o Criador das imagens, dos poderes, dos intermediários, através do qual nos reunimos à fonte do nosso ser. E é neste sentido também que ele é um hebreu.

É preciso reconhecer que Jonas é lúcido em seu comportamento. Quando os marinheiros o interrogam, ele reconhece o que ele faz. Ele reconhece que ele foge desta palavra.

Eu creio que esta é uma grande etapa num caminho transpessoal. O reconhecimento das nossas resistências, nossos medos, nossas dúvidas, nosso cansaço, o desejo de ser simplesmente humano, de viver simplesmente sua vida em sociedade, sem falar de Deus, sem falar do Absoluto, sem falar do transpessoal. E, infelizmente, não conseguimos dormir bem. A inconsciência não é a Paz, e no coração da nossa inconsciência existe uma voz interior que nos convida a levantar, a nos tornarmos nós mesmos. Para nos tornarmos nós mesmos é preciso sermos capazes de ir ao outro. O outro é o diferente. Algumas vezes é o inimigo, é Nínive.

Assim nós preferimos, sem cessar, ir ao igual, ao que é semelhante a nós, ao que nos tranquiliza, e que é Társis. Se nós vamos somente a Társis, nós não cresceremos nunca. Ficaremos no mesmo, continuaremos na repetição. É indo em direção ao outro, ao diferente, ultrapassando nossos medos, que chegaremos a uma consciência verdadeira. O desejo do Ser pode, então, se completar em nós.

Jonas toma consciência deste fato dizendo, então: *"Peguem-me e lancem-me ao mar"*. É o momento em que Jonas compreende que não pode mais recuar, que ele deve jogar-se na água. Do ponto de vista analítico, é o momento em que, na nossa vida, dizemos a nós mesmos: "Isto não pode continuar como está. Porque provoca uma tempestade tanto em mim, quanto fora de mim".

Trata-se, pois, de se jogar na água, de se jogar ao mar. E vocês sabem que o mar e a água são símbolos do inconsciente, símbolos da sombra. Neste momento, Jonas não pode mais recuar. A situação é tão difícil e conflitante que ele foi como que obrigado, pela vida, a mergulhar em seu inconsciente. A mergulhar em tudo o que ele tinha recusado, a escutar aquela voz. Então ele foi jogado ao mar. E vocês observem que, neste momento, os marinheiros têm medo de jogar Jonas ao mar. A razão em nós, as justificativas em nós, as explicações em nós, têm medo deste salto para o desconhecido.

Jonas torna-se para nós o *arquétipo daquele que se torna responsável pelo que lhe acontece e pelo que acontece aos outros* e que aceita saltar para o desconhecido, mergulhando no seu inconsciente. Porque talvez seja mergulhando em seu inconsciente, atravessando a sua sombra, que a luz poderá vir a ele e aos outros.

Ele mergulha e o mar se acalma. Isto pode acontecer em nossa vida, no dia em que tomamos a decisão de não nos mentirmos mais, de não mais nos contarmos estórias, de conhecermos a nós mesmos, de nos perguntarmos o que a vida quer de nós. No dia em que tomamos esta decisão, uma calma misteriosa se faz em nós.

Logo em seguida, falaremos do grande peixe que engoliu Jonas. No texto bíblico não há referência à baleia, a sugestão é de que seja um monstro marinho. E mergulhar no inconsciente é não ter medo do monstro.

Vamos encontrar, neste caso, um certo número de mitos: o herói que enfrenta o monstro é uma estória que encontramos em muitas tradições (Nota de Tradução [N.T.]: Num lapso de tradução, a palavra herói foi substituída pela palavra Eros e que Eros enfrentava o monstro). Este lapso não foi mau, uma vez que o Eros é a força do amor, que vai nos permitir atravessar a sombra, não ter medo do desconhecido que está em nós, a não ter medo deste desejo de ir mais longe.

Resumindo, podemos dizer que Jonas é arquétipo do homem que quer permanecer deitado, que resiste a esta *experiência numinosa* que ecoou dentro dele. O numinoso, vocês sabem, é aquilo que, ao mesmo tempo, nos atrai e nos faz medo. Enquanto nos fascina porque sabemos que lá está a verdade, nos faz medo porque recoloca em questão a nossa maneira habitual de viver.

Jonas é um homem que tem medo de mudanças, o homem que quer continuar no leito de sua mãe, o homem que não quer ficar de pé, ou seja, que não quer tornar-se adulto, diferenciar-se. Diferenciar-se das palavras e dos desejos do seu meio para ter acesso à sua própria palavra e ao seu próprio desejo. Mais profundamente, aderir à palavra do Ser dentro dele e ao desejo do Ser nele mesmo.

Jonas é, pois, um homem que quer continuar na repetição. Como diz Krishnamurti, ele prefere permanecer no conhecido, tem medo do desconhecido. Ele não quer arriscar a sua vida escutando esta palavra que o convida a ir para o outro. Para o outro que se chama Nínive e que ele considera como inimigo. Ele prefere ir a Társis, ir ao igual, ir ao que se identifica com ele. Lá, narcisicamente, ele não tem nada a temer. Ele encontra sua consolação narcisista.

Mas a recusa da palavra interior, a recusa do desejo do Ser essencial, vai desencadear ondas de mal-estar, não somente para ele como para o seu meio. Isto vai conduzi-lo a uma situação da qual ele não pode fugir. Há momentos em nossa vida em que não podemos mais fugir. Não temos mais saída. É preciso encarar as nossas responsabilidades e não responsabilizar os outros pelas consequências dos nossos atos. É o que Jung chama "o retorno da projeção". Nesse momento, é preciso olhar de frente o nosso medo e mergulhar no mar, enfrentar o inconsciente e o monstro que ele contém. Este é o combate do herói. Ele deve encarar os seus medos.

A escada do desejo e do medo

É bom lembrar que o homem evolui através do desejo e do medo. Não há medo sem um desejo escondido e não há desejo que não traga consigo um medo. O desejo e o medo estão ligados. Temos medo do que desejamos e desejamos o que nos faz medo.

Na evolução de um ser humano, o medo não superado, o desejo bloqueado, vão gerar patologias. O medo superado, o desejo não bloqueado, vão permitir a evolução. É o que Freud chama o jogo de *Eros* e *Tanatos*, do amor e da morte, o impulso de vida e o impulso de morte. Poderíamos dizer, em outra linguagem, que há em nós um desejo de plenitude, de *Pleroma* e o medo da destruição. E nossa vida evolui assim, através do nosso desejo de plenitude e o nosso medo de destruição.

Proponho a vocês uma escala, uma representação, uma imagem, e nós vamos tentar identificar as diferentes etapas do nosso medo e do nosso desejo, a fim de situar o medo de Jonas e situar o que, na psicologia humanista, chamamos o *Complexo de Jonas*.

Na primeira etapa, a partir do momento em que nascemos, temos um impulso de vida, *o desejo de viver*, ao mesmo tempo em que há o *medo de morrer*. O desejo e o medo nascem juntos e, desde que o homem nasce, ele é bastante velho para morrer. Portanto a vida e a morte estão juntas.

Se este medo de morrer é superado, a criança vai procurar um lugar de identificação, um lugar de plenitude. E vem o *desejo da mãe*. De se fazer uno com a mãe. A mãe é o seu mundo, é o seu corpo. Ao mesmo tempo em que nasce o desejo de unidade com a mãe, este desejo de plenitude, nasce o *medo da separação da mãe*.

Mas para crescer, a criança deve se separar de sua mãe. Se ela não se separar de sua mãe, ficará sempre uma criança, não se diferenciará. E todo o papel de uma boa mãe é não apenas fazer sair da criança de seu ventre, mas fazê-la ir além de seu desejo. Fazê-la sair deste mundo que lhe é próprio, a fim de que ela possa atingir um outro mundo, particular a ela.

Ocorre então o medo da separação. E este medo da separação se somatiza no adulto, algumas vezes, por regressões, através do álcool e da droga. Como uma maneira de se dissolver, uma maneira de reabsorver a dualidade através da bebida e da droga. É uma regressão. Veremos que é preciso superar a dualidade, mas a superação desta dualidade não é a sua dissolução, é a sua integração, uma passagem para ir mais longe.

Certas vezes, alguns dentre nós têm medo de evoluir, têm medo da solidão, têm medo da separação da mãe e do seu meio. Utilizam produtos ou técnicas para regredirem à mãe e não irem mais longe.

A criança, que supera o medo da separação de sua mãe, vai procurar um novo lugar de identificação. Ela vai descobrir o seu próprio corpo como sendo diferente do corpo de sua mãe. É uma etapa importante. Mas ao mesmo tempo em que descobre seu corpo com prazer, ao mesmo tempo em que brinca com todos os seus membros, em que sente o *desejo do corpo*, a criança sente *medo da decomposição*. Este medo situa-se na fase anal. No momento em que, através do seu cocô, a criança tem a impressão de que seu corpo se decompõe. Nessa fase, toda a educação é fazê-la ter consciência de que ela é o seu corpo, mas não é somente este corpo. É frequente a observação de crianças que gritam à noite, quando fazem cocô, necessitando serem tranquilizadas. Se a criança superar este medo da decomposição, ela vai descobrir que é maior que seu próprio corpo.

Na idade adulta podem persistir um certo número de fixações. Da mesma forma em que, no estágio precedente, a criança buscava a unidade por meio da fase oral, nesta fase ela vai buscar a unidade por meio da posse, do poder. Possuir a matéria. A palavra *possedere*, em latim, quer dizer "sentar-se em cima", possuir. Corresponde, em Freud, ao estágio sádico-anal, um modo de tratar o outro como uma coisa, como uma matéria. Nessas pessoas que buscam, frequentemente, a posse e o poder, esconde-se um grande medo da decomposição, um medo da doença, um medo de tudo o que desfigure o corpo.

Se a criança é capaz de assumir este medo e de ultrapassá-lo, ela vai procurar um outro lugar de identificação. Ela vai entrar no *desejo de unidade com o outro sexo*. É a fase edipiana. O homem e a mulher descobrem suas diferenças sexuais e, ao mesmo tempo em que há esta busca de unidade por meio da sexualidade, vem o *medo da castração*. O medo de perder este poder, dentro de uma relação com um outro que é diferente dele.

E alguns podem ficar fixados nesta etapa de evolução. Aqueles que buscam, por exemplo, a unidade, a felicidade, unicamente através da sua genitália. Ou ainda, aqueles que têm medo de viver essa relação, o que pode levar às situações de impotência e de frigidez.

Se o homem e a mulher se descobrem sexuados, mas não sendo apenas isso, de novo vão poder crescer. Ocorrerá o *desejo de corresponderem à imagem que seus pais têm deles*. Na psicologia freudiana, este desejo é chamado de *Imago* parental ou Persona. E, ao mesmo tempo em que aparece o desejo de corresponder a esta imagem, surge o *medo de não corresponder a ela*.

Existem adultos que vivem ainda com este medo de não corresponder à imagem que seus pais tiveram deles. Eles não vivem seus próprios desejos, mas o desejo de suas mães ou o desejo de seus pais. Aí entra o trabalho da análise – descobrir qual é o meu próprio desejo e diferenciá-lo daquele do meu pai ou da minha mãe. Isto não quer dizer rejeitá-los, mesmo que dê margem a alguns conflitos.

É por esta razão que o conflito entre adolescentes e seus pais é tão importante. É o momento em que o filho adolescente experimenta diferenciar o seu desejo do desejo de seus pais. Quando ele procura descobrir sua própria palavra, diferente da palavra dos seus pais. E se ele é capaz de superar este medo, o medo de não agradar a seus pais, o medo de ser rejeitado ou julgado por eles, ele então vai crescer no sentido de sua autonomia.

Surge o despertar para um novo desejo de unidade, o da identidade nele mesmo. É nesta fase que aparece o desejo de corresponder à imagem do "homem de bem" e da "mulher de bem", tal como considerado em nossa sociedade. Não é mais somente a *Imago* parental, mas sim a *Imago* social. Ao mesmo tempo em que ele tem o *desejo de corresponder a esta imagem social*, nasce o *medo de ser rejeitado pela sociedade*. O medo de não ser como os outros, o medo de não parecer conforme ao que é considerado "bem" dentro dos padrões sociais esperados.

O medo de não parecer semelhante é um medo muito profundo, que nós vamos estudar com mais detalhes em Jonas. O medo do ostracismo, o medo de ser rejeitado pelo seu grupo, o medo de ser rejeitado pela sociedade. Aí o homem se encontra num conflito interior difícil, porque o seu desejo interior impele-o à ação, a dizer palavras que são às vezes consideradas como loucas pela sociedade. Ele tem medo de estar louco. Ele tem medo de ser anormal.

Mas se ele é capaz de superar este medo, se é capaz de aceitar que os outros não o compreendam, se é capaz de assumir a rejeição do seu meio, ele vai crescer no sentido da sua autonomia. O que motiva a sua ação não é o que pensam os seus pais, não são os seus impulsos anais ou genitais, não são as suas imagens sociais, mas é a sua própria voz interior.

E ele chega a um nível de evolução bem elevado, que é uma liberdade em relação ao mundo do *Id* (na tipologia freudiana do termo) e livre, também, em relação ao mundo do Superego. Livre das expectativas geradas pelos pais, no que concerne à sua vontade, seus desejos e suas palavras.

Mas, ao mesmo tempo em que nasce este *desejo de autonomia*, esta experiência de liberdade, há também o *medo de perder esta autonomia*, de perder o *Ego*, o Eu que está em sua pele, o Eu bem diferenciado do seu meio, dos seus pais e de seus impulsos. É o momento em que o Eu se sente ameaçado pelo Self. É preciso um grande trabalho para atingirmos o Eu autônomo, para se diferenciar da mãe, da sociedade e do meio.

Neste momento, uma voz interior recoloca tudo isso em questão. Entra-se no desejo *do Self* e no *medo de perder o Ego*. O ego ou eu é uma abertura do ser humano a toda a sua potencialidade e o Self é esta realidade transcendental, que relativiza a beleza desta autonomia e que nos revela que há um Eu maior que o eu, que há um Eu mais inteligente que o eu, que há um Eu mais amoroso que o eu.

Mas para ter acesso a este Eu mais elevado deve-se soltar as rédeas deste Eu. E passamos a uma etapa superior, que é a de entrarmos no *desejo de nos fazermos um, com aquele que chamamos Deus*. Deus que é a fonte do Self, a fonte do Ser. E, ao mesmo tempo, penetra em nós o *medo de perdermos esta representação de Deus*. Esta imagem de um Deus bom, de um Deus justo, que é a projeção, no Absoluto, das mais elevadas qualidades humanas. Diante de determinadas situações, Deus não se mostra justo como a ideia que nós temos da justiça. Ele não se mostra bom como a ideia que temos da bondade. Ele não é amor como a ideia que temos do amor. Ele não é luz como a ideia que temos da luz.

Surge, então, um medo que os místicos conhecem bem, o medo de perder Deus. Sua imagem de Absoluto, sua representação de Absoluto. Passa-se pela experiência do vazio e esta experiência do vazio é a condição para ir a este *país onde não há desejo nem medo*. Não é o desejo de alguma coisa em particular nem o medo de alguma coisa em particular.

Nossa vida passa sobre esta escada. Não paramos de subir e descer. Seria interessante verificar quais são as fixações, quais são os nós, porque o terapeuta, na escuta daquele a quem acompanha, deverá voltar ao ponto onde houve um bloqueio. E, para reconhecer o ponto onde houve esta parada, este bloqueio, é suficiente interrogar onde está o medo.

Será o nosso medo, simplesmente, o medo de viver, o medo de existir? Quando nos sentimentos demais na existência? Então podemos encontrar em nós mesmos o não desejo de nossos pais. Descobrirmos que não fomos queridos na nossa existência. É preciso passar pela aceitação deste não desejo para descobrir, além do não desejo de nossos pais, o desejo da vida que, em certo momento, nos fez existir.

Nosso medo poderá ser o medo da separação. É interessante observar o modo como as pessoas morrem. O medo da morte é diferente para cada um. Para alguns é realmente o medo da decomposição, do sofrimento, da doença. Para outros é o medo da separação, de serem cortados daqueles que lhes são mais caros.

Assim nosso medo se enraíza em momentos muito particulares da nossa existência, e escutar o nosso medo nos permite entrar em contato com esse momento. O terapeuta está ali para nos ensinar a não termos medo do medo. A fazer dele um instrumento para nossa evolução, descobrindo o desejo de viver que se esconde atrás deste medo. E que vai nos permitir ir mais longe.

Nosso medo pode estar, também, ao nível da sexualidade. O medo do outro sexo. Este medo foi bem estudado por Freud. Não é suficiente superarmos o medo a este nível para atingirmos o nível seguinte.

Ter uma sexualidade normal, estar bem adaptado à sociedade, o que é, na maioria das vezes, um critério de saúde, em outra antropologia não é, obrigatoriamente, um critério de saúde. Estar bem adaptado a uma sociedade doente não é, necessariamente, um sinal de saúde. É isto que eu chamo de "normose", ao lado da neurose e da psicose.

E é neste ponto que nos reunimos a Jonas. Jonas é alguém que sente nele asas para voar, um desejo de espaço, um desejo de infinito, mas não tem coragem. Ele apara suas asas, para continuar adaptado à sociedade na qual ele se encontra e que o proíbe de ir ao outro, de ir ao inimigo, de ir ao diferente.

Aqui começa o Complexo de Jonas. Este desejo de irmos além da imagem que nossos pais têm de nós. Este desejo de irmos além das imagens que a sociedade nos propõe, do que é o "homem de bem" ou uma "mulher de bem". Este desejo de irmos além do Eu, além do que o Ego considera como sendo o bem. E irmos, também, além da imagem que temos de Deus.

Vocês se lembram do relato, que líamos no início, do quanto Jonas ficou descontente quando Deus perdoou os habitantes de Nínive quando ele vê que Deus não corresponde à sua imagem de Deus; que Deus não corresponde à imagem do justiceiro que ele pensa que seja. Jonas tem medo de perder a sua representação de Deus. Será preciso passar pelo vazio, será preciso superar este medo de se enganar, para descobrir nele um Deus que é misericórdia. É fácil de entender e difícil de viver.

A finalidade desta escada, deste esquema, é a de nos ajudar a entrar em contato com nossos desejos e nossos medos. E de sentir os degraus da escada, onde algumas vezes nós paramos e voltamos sem cessar. E descobrir que, em nossa evolução, existem vários níveis do ser. E que em cada nível nós sentiremos desejo e medo.

Morte e ressurreição

Nós teremos medo da morte e através da travessia deste medo da morte pode surgir uma ressurreição. O que está indicado aqui é um processo de morte e de ressurreição.

Eu morro para o apego à minha mãe, para minha dependência, a fim de ressuscitar na minha relação com ela. Eu morro para o apego ao meu corpo, para a identificação à minha forma transitória, a fim de poder ressuscitar em relação a meu corpo. É um estado diferente da idolatria, mas que considero como um espaço de manifestação de alguma coisa que é infinitamente maior que ele.

Eu me torno capaz de relativizar a minha sexualidade para renascer em uma capacidade de relação amorosa, que contém o sexo mas não é exclusivamente sexual. Eu posso morrer para a imagem

A escada do desejo e do medo

País sem desejo e sem medo

Desejo da Unidade com Deus
Medo de perder a representação de Deus

Desejo do Self
Medo de perder o Ego

Desejo de autonomia
Medo de perder a autonomia

Desejo de ter uma imagem social
Medo de ser rejeitado pela sociedade

Desejo de corresponder à imagem dos pais
Medo de não corresponder a esta imagem

Desejo de união com o sexo oposto
Medo da castração

Desejo do próprio corpo
Medo da decomposição

Desejo da mãe
Medo da separação

Desejo de viver
Medo de morrer

Nascimento

de meus pais, reconhecendo tudo o que há de belo e de positivo nesta relação, mas sem me tornar dependente. É o renascimento ou o nascimento ao meu ser verdadeiro.

Eu posso observar os valores da sociedade, mas se obedeço a eles, sinto que minto a mim mesmo. Chegamos a uma etapa da nossa evolução onde podemos nos enganar e permanecer enganados até o fim. Mas há um momento da nossa vida em que não podemos mais nos mentir. Podemos nos enganar, mas não podemos nos mentir. Esta é uma etapa importante.

É o momento em que nos tornamos livres dos jargões: é preciso fazer isto, é preciso fazer aquilo. Tornamo-nos livres em relação aos ensinamentos que recebemos. Neste momento, não poderemos mais nos emparedarmos numa instituição, numa seita. E se participarmos de uma igreja, de uma seita ou de uma instituição (o que é normal), seremos livres em relação a elas. Nós não somos papagaio que repete as palavras do dono ou que repete a doutrina que lhe foi ensinada, mas gozamos de uma liberdade interior, que é a liberdade de entrar e de sair.

Chega o momento de morrermos para o Eu, de morrermos para os nossos limites. Mas para morrermos ao Eu é preciso que tenhamos um Eu. Muitos se dizem além do Ego, quando não estão senão a seu lado. Donde a importância, antes de entrar num caminho místico, de ter um Eu bem estruturado.

O Eu de Jonas é bem estruturado, porque ele sabe dizer não. Antes de dizer *sim*, é preciso saber dizer *não*. Cristo, antes de dizer: "Sim, que seja feita a tua vontade", disse: "Se é possível, afasta de mim este cálice". Este é um sinal de que Cristo tinha uma boa saúde. Seu Ego resistia a esta manifestação total de amor.

Portanto, para irmos além do Eu, é importante, inicialmente, aceitar o Eu. Na educação das crianças, é importante dar-lhes uma boa estrutura, uma boa formação que as torne capazes de dizer *não*,

não aos seus pais, não às suas mães, não ao que elas consideram injusto na sociedade. De dizer não até mesmo ao que elas consideram como Deus, para que o seu *sim* seja um sim verdadeiro. O sim do abandono e da confiança, de uma confiança lúcida, de uma confiança madura. Não é a confiança de um brinquedo que é manipulado pelos acontecimentos da existência. É neste nível que se situa o Complexo de Jonas.

Os medos de Jonas e os nossos medos

Maslow e a psicologia humanista fazem de Jonas o arquétipo do homem que tem medo da realização. O homem que foge da sua vocação, da sua palavra exterior ou dos acontecimentos numinosos. Alguns de nós encontramos esta outra dimensão em determinadas circunstâncias, não somente por uma palavra, mas na natureza, durante uma doença, após um acidente, por meio de uma experiência amorosa ou admirando uma obra de arte. Cada um sabe em que momento o numinoso o tocou, o questionou, o inquietou, para convidá-lo a se tornar um ser mais autêntico.

Antes de falar deste medo do numinoso e desta recusa provocada pelo convite à profundidade, a esta realização do Self por meio da superação do Eu, é preciso observar os diferentes medos que precedem este medo da transcendência. Eu gostaria de lhes falar sobre o medo do sucesso e, em seguida, sobre o medo de ser diferente, o medo do ostracismo.

O medo do sucesso

Em 1915, Freud observou, tratando as neuroses, um fenômeno inesperado em alguns de seus pacientes. O sucesso profissional provocava neles uma grande ansiedade. Freud explicou este fato por um postulado: "Para algumas pessoas, o sucesso equivale a uma morte simbólica do genitor do mesmo sexo". Nós temos medo, quando conseguimos alguma coisa, de humilhar os nossos pais.

Uma tal ideia vai criar, ao lado da ansiedade, um sentimento de culpa, produzindo um estado de melancolia que pode durar vários anos. Freud descrevia estas pessoas como aquelas a quem o sucesso destrói. Pelo medo de fazer melhor que os seus pais, de vencer onde eles não conseguiram, seja profissional ou afetivamente.

Este medo existe em crianças mas, mais frequentemente, em adultos. Adultos que não se permitem ser felizes como casais, porque na união de seus pais havia muito sofrimento. Ou se sentem culpados por ganhar dinheiro, se em sua família não se ganha dinheiro.

Isto pode parecer curioso, porque nós sempre desejamos que nossos filhos sejam melhores do que nós fomos. É o que os pais geralmente dizem. Eles dizem. Mas nem sempre dizem de todo o coração. Porque se um filho se torna mais rico ou mais feliz, ele lhes escapa, sai da família. E inconscientemente (e claro, nós estamos na esfera do inconsciente) eles seguram seus filhos no mesmo estado social em que eles pararam e no mesmo estado de dificuldade afetiva em que eles pararam.

Enquanto o sucesso fica no nível do sonho, do desejo, a neurose do sucesso não se manifesta necessariamente. Mas desde que este sucesso se torna uma realidade, por exemplo, após uma promoção, pode ser que aquele que foi beneficiado não o suporte. Talvez vocês conheçam pessoas com este tipo de problema – que obtiveram uma promoção e, curiosamente, em vez de se alegrarem, adoeceram.

Freud dirá que as pessoas adoecem, porque um de seus sonhos, o mais profundo e duradouro, se realiza. Não é raro que o Ego tolere um sonho como inofensivo, enquanto sua existência for apenas uma projeção e que pareça nunca se realizar. É como quando sonhamos ter um homem ou uma mulher, e, quando ele ou ela estão lá, nós achamos nosso sonho improvável e o ignoramos.

O Self pode, entretanto, defender-se arduamente desta situação, desde que a realização se aproxime e a concretização seja uma ameaça. Eu creio que este estudo é muito interessante porque existem entre nós muitas pessoas que sonham, que idealizam o sucesso, a plenitude. No entanto, por que estes sonhos jamais se realizam? Eu conheço homens e mulheres muito inteligentes que se organizam sempre e de tal maneira que fracassam em seus exames quando têm capacidade de vencê-los. Por quê? É o que nós chamamos de neurose do fracasso. No momento em que vamos vencer, no momento em que nosso sonho vai se realizar, inconscientemente nos arranjamos para falharmos. Podemos observar este mecanismo em algumas pessoas como um processo muito doloroso e incompreensível.

Neste contexto, poderíamos dizer que Jonas recusa a voz interior do Ser que o chama, que o chama para que se supere, porque desta maneira ele superará seu pai. Esta é uma explicação edipiana da neurose do fracasso. Tememos ter sucesso e suas repercussões, pelo medo de ultrapassarmos nossos pais, seja em felicidade, em educação, em fortuna ou em *status*. Podemos, assim, nos tornarmos uma ameaça para nossos pais e sermos rejeitados por eles. Vocês percebem que é sempre a presença desta criança em nós que tem medo de não ser amada, que tem medo de não ser reconhecida.

Freud dá, igualmente, o exemplo de um professor universitário que durante muitos anos aspirara à cátedra do seu mestre. Quando seu sonho se realizou, pela aposentadoria do seu mestre, ele foi invadido por uma depressão da qual só saiu depois de longos anos.

Um psicólogo como Fenichel verá, como uma causa profunda do medo de vencer, o sentimento de indignidade. Temos, pois, de observar em nós a nossa relação com o sucesso. Nosso desejo do sucesso e nosso medo do sucesso. E neste medo do sucesso talvez esteja incluído um sentimento de indignidade – esta depreciação de si mesmo que talvez seja a herança de um certo número de julgamentos que nos foram dirigidos. Quando se repete a uma criança que ela nunca será nada, que ela não é inteligente ou que não sabe cantar, ela integrará esta programação. E se um dia ela chega ao sucesso, inconscientemente ela pensa que este sucesso não é justo.

Citando Fenichel: "O sucesso pode significar a realização de alguma coisa imerecida, que acentua a inferioridade e a culpa. Um sucesso pode implicar não somente castigo imediato mas também em aumento de ambição, levando ao medo de futuros fracassos e de sua punição".

Para Karen Horney, o medo do sucesso resulta do medo de suscitar inveja nos outros, com perda consequente do seu afeto. Alguns têm medo de vencer porque não querem que os outros sintam ciúmes dele, o que é muito arcaico. Os gregos expressavam isso da seguinte maneira: "Os deuses têm inveja do sucesso dos homens". Porque eles consideravam que o sucesso dos homens retirava as suas prerrogativas.

A maioria dos primitivos pensa que muito sucesso atrai, para o homem, um perigo sobrenatural. Heródoto, em particular, vê em todos os lugares da história a obra da inveja divina. Quando os homens e mulheres são muito ambiciosos, atraem toda sorte de infelicidades. Só está seguro o homem que é obscuro. "Para viver feliz, viva escondido", para viver feliz, viva deitado.

O medo da diferença

Neste momento reencontramos Jonas. Talvez seja o anonimato, o impessoal que ele busca fugindo para Társis, mais do que afirmar sua própria personalidade. É interessante observar nesta passagem que alguns podem utilizar a mística, os ensinamentos espirituais, não para superar sua personalidade, mas para fugir dela. Para regredir ao impessoal. Não ao transpessoal, não além do pessoal, mas ao intrapessoal. Neste aspecto, a espiritualidade pode servir de pretexto para fugir à afirmação do seu Eu.

Jonas foge para Társis porque, indo para Nínive, ele deve se afirmar. E afirmar-se é afirmar-se diferente. Afirmar-se diferente não quer dizer afirmar-se contra, mas afirmar-se no que temos de próprio, na missão particular que nos foi dada para servir a todos.

O que é pedido a Jonas não é que seja, apenas, um sábio que vive no anonimato de uma cabana no fundo de um bosque, mas que seja também um profeta. O silêncio que está nele não é uma ausência de palavras, mas é a mãe da palavra. E antes de se calar, antes de saborear a beleza do silêncio, ele deverá dizer sua própria palavra.

Antes de chegar a este estado de não desejo e não medo, no cimo do nosso "vir-a-ser", do nosso tornar-se, neste estado de Paz integrada, trata-se de viver este desejo. E nós só podemos superá-lo depois de o termos realizado. O que nós não completamos, o que nós não realizamos, nós não superamos e, além disso, recusamos.

É preciso falar para ir além da palavra. É preciso desejar para ir além do desejo. E, algumas vezes, nós nos servimos da espiritualidade, nos refugiamos num falso silêncio e num não desejo, que é uma ausência de vida, que é uma falta de vitalidade e que está mais próxima da depressão do que do estar desperto, alerta. Que está mais próxima da despersonalização do que da transpersonalização.

Jonas não teme a inveja do seu Deus, já que é seu Deus quem o envia em missão. Mas ele teme, sem dúvida e principalmente, o ciúme e a incompreensão dos seus irmãos. Porque esta missão de ir a Nínive obriga-o, de alguma maneira, a compactuar com os inimigos de Israel. Ele teme ser rejeitado e morto pelo ostracismo de seu povo. Ele teme ser considerado um "colaborador", um inimigo do seu povo.

O complexo de Jonas não é, somente, um medo do sucesso, um sentimento de culpa diante do sucesso, um medo de suscitar inveja nos outros. O complexo de Jonas é, também, o medo de ser diferente, de ser rejeitado por aqueles dos quais ele se diferenciou.

Rollo May, Maslow, Fenichel foram grandes psicólogos humanistas que introduziram, na psicologia, a noção do transpessoal e cujas obras são familiares a vocês. Rollo May dizia: "Muitos fatores provam que a maior ameaça, a causa mais nítida da angústia do homem ocidental contemporâneo, na metade do século XX, não é a castração, mas o ostracismo". Quer dizer, a situação considerada como terrível e aterrorizante de ser rejeitado pelo grupo.

Muitos de nossos contemporâneos passam por uma castração voluntária, isto é, renunciam ao seu poder, à sua originalidade, à sua criatividade, à sua independência, pelo medo da rejeição, pelo medo do exílio. Eles adotam a impotência e o conformismo (e para Rollo May o conformismo vai ser a doença mais importante do nosso século) devido à ameaça eficaz e terrível do ostracismo.

O conformismo sempre foi considerado necessário à sobrevida de um grupo e à sua harmonia interna, mas este conformismo pode se tornar opressivo e provocar doenças. Estes fenômenos são observados, algumas vezes, em certos grupos espirituais. Tomam-se as mesmas atitudes, a mesma maneira de olhar mais ou menos inspirada, repetem-se as mesmas frases, sem verdadeiramente pensar em integrá-las. Entra-se assim em uma atitude mais ou menos esquizoide.

Há aqueles que representam o papel que lhes é pedido, mas o Ser verdadeiro não está neles. Neste caso, ocorre uma espécie de mal-estar, que pode gerar uma doença. E a este propósito, eu me lembro do que disse Santo Tomás de Aquino a um dos seus discípulos, que um dia lhe perguntou: "Se minha consciência me pede para fazer tal coisa e o Papa me pede para fazer outra, a quem eu devo obedecer?"

Esta questão é muito atual. No lugar do Papa você pode colocar o seu guru, colocar o sol ou a lua, pode colocar uma pessoa ou uma realidade que seja para você uma autoridade suprema, a referência que você busca quando coloca uma questão profunda. O que acontece se esta autoridade lhe diz para fazer alguma coisa e o seu desejo interior lhe manda fazer outra? A quem obedecer? A qual voz escutar?

Santo Tomás de Aquino dá uma resposta a seu discípulo que talvez surpreenda a alguns de vocês. Porque ele não diz: "Obedeça ao Papa", mas ele diz: "Obedeça à sua própria consciência, obedeça à sua consciência *procurando esclarecê-la*". Não separe as duas partes da frase: "Obedeça à sua própria consciência" e, ao mesmo tempo, "procure esclarecê-la". Porque, talvez, esclarecendo-a vamos descobrir que aquilo que a autoridade diz seja o certo. Mas, no ponto onde estamos, é preciso obedecer à nossa própria consciência.

Esta frase de Tomás de Aquino é para mim uma boa frase de Terapeutas. Se ele tivesse dito: "É preciso obedecer ao Papa", ele teria feito dessa pessoa uma hipócrita ou, sobretudo, uma esquizofrênica. Esta atitude pode ser observada em alguns católicos ou em pessoas que pertencem a outros grupos humanos. Obedecem à autoridade, mas uma personalidade interior se dissocia, pouco a pouco, dos seus atos. E nesta divisão entre o que nós fazemos e o que nós pensamos vai se introduzir um mal-estar, ou um "estar mal" que gera a doença.

Portanto, como eu lhes dizia há pouco, podemos nos enganar mas não podemos mais nos mentir. É preciso aceitar nos enganarmos, mas ao mesmo tempo buscar esclarecer o nosso caminho, mantendo os dois juntos. Mas não podemos mais mentir a nós mesmos. E, por vezes, ter a coragem de nos diferenciarmos do nosso meio e daqueles que, para nós, constituem uma autoridade. Porque, caso contrário, descobriremos que estamos nos destruindo naquilo que temos de mais autêntico.

Então o medo de Jonas é este medo de ser diferente, de ser rejeitado por aqueles dos quais ele se diferenciou. E o conformismo pode provocar um certo número de patologias. Quantos pássaros tiveram suas asas aparadas ou cortadas para que ficassem felizes e confortáveis em suas gaiolas douradas?

Vocês se lembram do livro de Dostoiévski sobre a lenda do Grande Inquisidor. O Grande Inquisidor diz ao Cristo, que retorna à terra: "Vai ser preciso te suprimir novamente, porque vais tornar as pessoas muito infelizes, tornando-as muito livres. Nós queremos tornar os homens felizes. Nós dizemos: faça isto e tudo correrá bem. Faça aquilo e tudo correrá bem. Ao invés disso, Tu fazes dos homens seres livres. Tu não dizes: façam isto, façam aquilo. E não te esqueças que é a maneira de dizer, faça isto ou faça aquilo, que é importante. Nesta liberdade, o homem é infeliz. Ele prefere que se diga faça isto ou faça aquilo. Nós queremos a liberdade dos homens porque nós os libertamos do peso de sua liberdade. Tu, Tu dás a eles a liberdade. E esta liberdade é muito difícil de viver."

Este texto é bem atual para nós. Porque estamos, sem cessar, à procura de alguém, de um ensinamento ou de uma instituição que nos digam o que é bom e o que é mau. E que nos isente do exercício de nossa liberdade. Um mestre verdadeiro não nos isenta de nossa liberdade. Ele nos dá elementos de reflexão, um certo número de exercícios e de práticas a viver, a fim de que nos tornemos livres por nós mesmos. Sua palavra não substitui a nossa palavra, mas sua palavra nutre nossa própria palavra. Seu desejo não substitui o nosso desejo. Nós não somos suas marionetes, seus soldadinhos ou discípulos fanáticos dos seus ensinamentos, mas nos tornamos pessoas livres, nutridas pelas luzes e pela riqueza que ele pode nos comunicar.

A vontade de ser como todo mundo traz um sentimento de impotência excepcional. Os psicólogos humanistas vão nos mostrar que a pressão social é tal, e tão forte, que a maior parte das pessoas tenta resolver os seus problemas pessoais adaptando-se, cegamente, às normas e aos valores do grupo. Cortados de sua atenção primária, empregam o critério de adaptação como o único ponto de referência para julgar se uma atitude, individual ou coletiva, é aceitável.

Cito Harlow: "Parece que a pressão de se conformar (de se adaptar) às normas do grupo é irresistível, mesmo quando esta adaptação está claramente em conflito com as percepções, com as atitudes e convicções do indivíduo". Para nós, este é um bom critério de discernimento.

Um grupo são, saudável, é capaz de conter pessoas muitos diferentes, que pensam diferente e que se enriquecem com suas diferenças. Porque se todos pensam a mesma coisa, se entrarmos todos na mesma concha, nós não pensaremos mais. E a nossa relação não é mais uma relação de aliança de uns para com os outros, mas sim uma relação de submissão a uma doutrina comum. É como a água que, caindo num campo, gerasse flores de uma única cor.

O que é interessante notar é que, quando um ensinamento pode florir sob diferentes formas, ele encontra aplicações em ambientes e mundos diferentes. É o sinal de que estamos num espaço que colabora para nossa evolução em vez de nos destruir, em lugar de nos bloquear.

O medo de mudanças

Existem também muitas pessoas que têm medo de mudanças, mesmo se esta mudança as abre para uma existência melhor e mais feliz. O abandono dos hábitos antigos, a perda do conhecido, cria em algumas pessoas um clima intolerável de insegurança. Não há realmente segurança senão no previsível, mesmo que isto signifique infelicidade e sofrimento.

Tem-se observado que o desejo de segurança é muito pronunciado nos psicóticos. Porque em sua infância lhes foi ensinado que toda mudança é uma ameaça para eles. A separação da mãe ou do ambiente familiar foi-lhes apresentado como o equivalente da morte e do caos. Esta noção vai criar, nestas pessoas, um medo de toda e qualquer mudança.

Para nós é uma boa indicação de como dar aos nossos filhos a segurança da qual eles têm necessidade, dando-lhes ao mesmo tempo sua liberdade. Muita segurança vai impedir a evolução da pessoa. Mas muita liberdade vai causar também muita angústia. Porque a criança não sabe mais quais são os seus limites. Portanto, o medo de não ser como os outros vai gerar um outro medo: o medo de conhecer-se a si mesmo.

O medo de se conhecer

Jonas pode ter medo de ser diferente, porque esta diferença é o que faz dele ele mesmo. Seus desejos, esta voz no mais íntimo do seu ser, que o faz preocupar-se com os outros e com o seu bem-estar, são fatores que o forçam a abandonar o seu conforto. Seu conforto quer dizer sua normose, a qual é suportável. Quanto mais o conhecimento é impessoal, mais ele dá segurança. Quanto mais ele se torna pessoal, na escuta do nosso mundo interior, mais nos tornamos hesitantes, assaltados, às vezes, pelas dúvidas.

É interessante observar que a experiência transpessoal não nos despersonaliza mas, sobretudo, nos personaliza. E ela nos leva a nos interrogarmos sobre o que temos de próprio, com todas as dúvidas que isto implica quanto à nossa identidade.

Bettelheim mostrou que esta ambivalência, ante à mudança, encontra-se em muitas crianças. Ela vai se manifestar pelo medo de aprender coisas novas, um temor de conhecer. Ele cita o caso de uma menina que se recusava a aprender biologia porque a hereditariedade fazia parte desta matéria. E, ao estudar, ela se lembrava da origem difícil de sua própria existência, pois tinha sido abandonada por sua mãe e adotada por pessoas pouco generosas, que não lhe davam o sentimento de ter sido desejada.

Assim o desejo de fracassar na escola e, mais tarde, em sua vida, é, para Bettelheim, um mecanismo de defesa contra a descoberta de verdades desconcertantes dentro dela mesma. Nesta pessoa há necessidade de proteger sua autoestima, evitando o encontro com o conhecimento de si mesma.

Então o medo de conhecer, o medo de se conhecer, segundo Maslow, é o próprio medo de fazer. Não se quer saber para não se ter que fazer. Ele nos dá o exemplo dos alemães que viviam nas cercanias do campo de concentração de Dachau. Eles preferiam não saber o que se passava no campo, porque, se eles soubessem, teriam que fazer alguma coisa.

Assim, nós entendemos um pouco mais do Complexo de Jonas. Diante desta experiência que lhe acontece, desta voz que o convida a ir para Nínive, ele sente todas as exigências a elas relacionadas. Ele sente que não é suficiente sonhar com um mundo melhor, mas é preciso que ele mesmo o torne melhor. Ele prefere não saber, ele prefere não conhecer. E com este gesto ele passa ao largo dele mesmo, ele passa ao largo de sua grandeza. E é esta própria grandeza, esta imagem do homem autêntico, que iremos estudar logo mais.

Segundo Capítulo

O mergulho no inconsciente

Jonas foi conduzido pela vida a este momento, do qual ele não pode mais recuar. Ele vai mergulhar na água. Na água que é o símbolo do inconsciente, do enfrentar a si mesmo. Ele vai ser recolhido por um peixe. Eu lhes lembro que a Bíblia não fala em baleia. Em hebraico, a palavra peixe está mais próxima de um monstro marinho.

Jonas vai fazer a experiência da Sombra. E nós chegamos a esse momento onde, na profundidade dele mesmo, ele deve encontrar uma saída. Quando não há mais saída no exterior, quando eu me bato contra todos os muros, é preciso procurar uma saída no interior.

Nós já vivemos esta experiência algumas vezes. E eu penso nesta palavra do Evangelho, na qual Jesus responde àqueles que pedem sinais, que pedem milagres e prodígios: "Não lhes será dado outro sinal senão o de Jonas". Assim, àqueles que estão em busca do maravilhoso e do fantástico, Cristo parece lhes dizer que o único sinal seguro e certo é o sinal de Jonas. Isto é, que o único sinal pelo qual nos aproximamos da verdade é o da nossa própria transformação. Porque os milagres, as coisas maravilhosas, estão ainda no exterior de nós mesmos. E, algumas vezes, nada mudou dentro de nós.

O sinal de Jonas é o sinal de alguém que mergulhou na profundeza do seu inconsciente e que, de sua transformação, espera a salvação. O símbolo de Jonas vai ser reempregado, na história de Cristo, nos três dias que ele passou dentro da terra, na baleia-terra. Nesta baleia, na profundidade da terra, vai operar-se a passagem da morte para a vida.

Portanto, a experiência de Jonas é a experiência de descer conscientemente para a morte, descer conscientemente em nosso ser mortal. É entrar, com consciência, na profundeza da condição humana. E é do fundo deste inferno, do fundo deste infortúnio, que ele vai se lembrar.

Aqui nós ficamos muito próximos dos Terapeutas de Alexandria quando eles falam da anamnese essencial, isto é, desta lembrança do Ser. Não se trata de se lembrar somente dos traumatismos de nossa primeira infância, não se trata de se lembrar somente dos acontecimentos felizes e infelizes da nossa existência, mas trata-se de nos lembrarmos do Ser que nos faz ser. A lembrança deste Ser nos vem, frequentemente, no momento em que temos a impressão de perdermos nossa própria vida, nos momentos de grande fragilidade, onde nos damos conta de que não somos o Criador de nossa própria vida.

Jonas vai fazer esta experiência. E é neste momento que ele vai deixar subir nele a prece da lembrança: "Em teu ser que passa, lembra-te do Ser que É". Esta também é uma palavra de bênção, que é dada aos terapeutas. E ele ajudará as pessoas, que sofrem deste sofrimento que passa, a tomarem consciência em si mesmas, do "Ser que É". Do ponto de vista do método, consiste em levar a pessoa até o centro inacessível de sua origem.

Jonas diz: "No seio dos infernos eu continuo a olhar para o teu Santo Templo". Isto quer dizer que ele não perdeu a sua orientação interior. No deserto de nossas vidas, os mapas de estradas não são muito úteis. Nós não temos necessidade de mapas. Estes são úteis quando estamos na cidade, mas no deserto, onde não há mais estradas, para que servem os mapas? No deserto, não temos necessidade de mapas e sim de bússolas.

Jonas perdeu todos os seus mapas, todos os seus pontos de referência, todas as suas escalas, mas não perdeu a bússola. Ele não perdeu a sua orientação. A sua orientação para o Ser. Creio que isto é importante para nós, quando estamos sem referências, porque neste momento temos que fazer uso da nossa bússola, isto é, do nosso coração. Um coração que busca o Ser. Porque não é suficiente ter asas, é necessário saber voar. Não é suficiente ter uma bússola, é necessário saber interpretá-la.

O papel do terapeuta é colocar o indivíduo em contato com sua bússola interior, que mostra o seu norte, que mostra o Ser. E quando nós guardamos esta orientação interior, seja o que for que façamos ou sejamos, não nos perderemos. No fundo do sofrimento, do monstro que nos aprisiona, da doença que nos asfixia, é preciso lembrar que temos um coração e simplesmente guardá-lo orientado para o Ser. É simplesmente um olhar interior. Não se vê nada, não se sabe mais nada e, no entanto, segue-se. Os que fizeram esta experiência de caminhar no deserto compreendem do que se trata. Porque com nossos olhos não vemos nada e, no entanto, a bússola indica a direção.

Portanto Jonas, no interior do monstro, encontra sua bússola, reencontra o seu centro, entra em contato com o seu ser essencial. A vida o obriga ao essencial. Ele não pode mais se contar estórias, ele não pode mais construir, para ele mesmo, belas representações do mundo, porque ele fez a experiência da morte, porque ele fez a experiência da finitude de todas as coisas. Mas no coração desta finitude ele fez também a experiência do infinito, que nada nem ninguém pode tirar.

Agora o peixe pode vomitá-lo, porque ele cessou de se identificar com o espaço-tempo. Ele tocou nele mesmo, em alguma coisa que não morrerá. Ele fez a experiência de que era mortal, de que não tem mais nada a perder, que não há mais razão de ter medo, pois existe dentro dele algo que nada nem ninguém poderá destruir.

Então ele pode retornar à terra firme e cumprir sua missão. Esta é uma experiência comum às pessoas que estiveram em coma profundo. Após esse período de coma profundo, onde elas foram declaradas clinicamente mortas, quando voltam ao mundo não têm mais medo de servir e, algumas vezes, todo o seu modo de vida se transforma. São testemunhos que nós recebemos.

Mas não é necessário ter um acidente ou uma experiência de coma profundo para compreender que há em nós um lugar que nada tem a perder, que não tem medo e que pode ir em direção ao outro, que pode cumprir sua missão e ir a Nínive.

O tornar-se autêntico

Chegamos, portanto, ao ponto em que Jonas saiu do peixe. Este peixe é, para os alquimistas, o símbolo do que eles chamam *Athanor*, o lugar da purificação, o lugar onde passamos através do fogo, no qual o ouro se revela no meio dos minerais.

Um dia, um homem perguntou a um fundidor de ouro e de prata: "Quando é que o ouro está pronto e que a prata está pronta?" O fundidor respondeu: "Quando, em me debruçando sobre ele, posso reconhecer os traços do meu próprio rosto". E os Padres do deserto diziam que eles tinham que passar pela *Athanor*, por este braseiro, para que pudessem contemplar os traços do seu próprio rosto. Para que no coração do filho do homem possa se revelar o Filho de Deus.

Jonas tornou-se um Filho de Deus através das provações e tornou-se o que podemos chamar um homem autêntico. Dizíamos há pouco que, no medo de Jonas, ao lado do medo do sucesso, do medo de ser invejado pelos outros, do medo de ser diferente dos outros, do medo de conhecer-se a si mesmo, havia também esse medo de autenticidade.

A autenticidade tem outra conotação, no sentido heideggeriano do termo. Cada um de nós tem como missão ser o seu Ser verdadeiro. Antes de fazer alguma coisa, nós temos que Ser.

É por isto que no Evangelho de Tomé, quando os discípulos perguntam a Jesus: "O que é preciso fazer acerca do alimento, da prece, dos ritos e da ação?" Jesus responde simplesmente: "Parem de mentir. O que vocês não amam, não o façam". Esta pode parecer uma palavra estranha porque se não fizermos o que não amamos, não faremos muita coisa. Mas o que Jesus diz é que, antes de fazermos o que quer que seja, é preciso ser, porque é o nosso ser que vai qualificar todos os nossos atos.

Nós conhecemos bem isto no mundo terapêutico. O mesmo medicamento, segundo a qualificação do profissional que nos receita, terá efeitos diferentes. É por isto que, na formação dos terapeutas, é importante o desenvolvimento de sua qualificação, de sua competência, mas também é muito importante o desenvolvimento da sua qualidade. Porque um indivíduo pode ter muitas qualificações, muitos diplomas e muito pouca qualidade. E é preciso ter as duas juntas.

O que é pedido a Jonas antes de poder ir a Nínive é enfrentar a sua própria Nínive interior. Ele terá que enfrentar os seus medos interiores. Amar nossos inimigos não é, em princípio, amar aqueles que nos perseguem, mas é aprender a amar esta parte de nós que nós não aceitamos.

Jonas teve que aprender a amar a sua covardia para poder sair dela. Teve que aprender a não ter mais medo do seu medo para se tornar corajoso. Cada um tem um inimigo em si mesmo. Uma parte de si que não quer conhecer, que lhe faz medo, que o ameaça. E se esta parte não é aceita por nós, nós a projetamos para o exterior.

É por isso que o trabalho sobre a Sombra é importante na psicologia da profundeza. A passagem através do mar, esta incubação no ventre do monstro, é uma condição para nos tornarmos seres autênticos. Portanto nós nos perguntamos: Qual é o meu lugar neste mundo? O que eu vim fazer nesta terra? Qual é a minha missão? Qual é a minha vocação?

Cuidar do Outro

O Livro de Jonas nos diz que, num primeiro momento, nós temos de nos tornar nosso Ser verdadeiro. É uma tarefa. A tarefa do homem é tornar-se um ser humano. E é a partir disso que vai despertar nele a preocupação com o outro. Mais nos tornamos nós mesmos, mais descobrimos que nosso Ser é relação. É desta descoberta de si mesmo que vai nascer cuidado do outro. Neste momento eu me torno responsável por tudo e por todos, como dizia Dostoiewski.

Este cuidar não é puramente psíquico. É uma sensação física, de sentir em seu próprio corpo o próprio corpo de nossa família, o corpo da sociedade e o corpo do Universo. Isto não quer dizer estar infeliz porque os outros estão infelizes. Há um sofrimento no Universo e é necessário não rejeitá-lo. Mas não temos também que superajuntar sofrimento, porque o que existe já é suficiente.

Trata-se, porém, de ser feliz por todos. Sermos felizes de um modo não egoísta e aceitarmos que nunca seremos totalmente, completamente felizes. Sermos felizes o tanto que podemos ser, mas com esta abertura que nos impede de nos fecharmos na ilusão, na complacência. É a partir desta abertura que nos tornaremos capazes de ir na direção daquele que consideramos como estrangeiro, como estranho.

Após esta passagem através da morte e através das provações, Jonas irá a Nínive. *Assim, a palavra d'Aquele que É vem a Jonas, numa segunda vez, desta maneira: "Levanta-te, vai a Nínive, à grande cidade. Faze-a escutar a revelação que Eu entrego a ti". Desta vez, Jonas levantou-se, não ficou deitado, não fugiu, não teve medo e foi a Nínive. Ele foi aos inimigos do seu povo. Ora, Nínive era uma cidade de enormes dimensões. Eram necessários três dias para atravessá-la.*

O primeiro sinal que nos toca na experiência do transpessoal é que nós não temos mais medo do que antes nos fazia medo. E esta é também uma experiência que podemos sentir em nosso próprio corpo.

Nós já falamos do perdão. Podemos perdoar alguém com a nossa cabeça e também com o nosso coração, mas quando estamos na presença da pessoa que nos fez mal, nosso corpo sente uma espécie de repulsa. Existem em nós tantas memórias que provocam esta reação! E a libertação do medo não é somente uma coisa psíquica ou intelectual. É também algo físico. Quando nos aproximamos desta ou daquela pessoa, sentimos que o nosso corpo fica calmo, quando antes havia uma tensão, uma contração. Este é um sinal de que alguma coisa se limpou em nossa memória e que nós fomos libertados de um peso de memória que entranhava o nosso corpo.

Jonas está surpreso indo a Nínive por não sentir mais o temor em seu corpo, o desejo de partir em sentido inverso. Ele é habitado por uma força confiante. Ele não tem mais nada a perder. Não há mais nada a ser tirado dele. Ele não tem mais medo de perder sua reputação. A estima de si mesmo, ele não a espera mais dos outros. Os outros podem pensar o que quiserem, o importante para ele é não mentir mais. Ser autêntico. É nesta autenticidade que ele encontra a sua paz e a sua força.

Nós não temos nenhum poder sobre uma pessoa que é autêntica, sobre alguém que é honesto em si mesmo. Você pode lhe dizer tudo o que quiser e não o fará tremer. Mas alguém que mente a si mesmo, mesmo se ele tem grandes ideias, grandes teorias, diante de certas situações ele se porá a tremer, porque ele não é um com ele mesmo. Porque está dividido em si mesmo.

E é a partir de sua unidade reencontrada, de seu desejo pessoal em unidade com o seu desejo transpessoal que Jonas vai encontrar a força para enfrentar Nínive. Lá, ele vai poder pregar a sua mensagem: *"Dentro de 40 dias Nínive será destruída"*. Sua mensagem é a lei de causa e efeito. Esta lei, que em sânscrito se chama *kar*ma, é dizer a alguém que ela colhe o que semeou. Se Nínive continua a viver desta maneira, na violência, no poder, na exploração dos homens pelos homens, a consequência só poder ser a morte.

A mensagem de Jonas é o fruto de uma observação. É o fruto de uma lucidez. Tal causa gera tal efeito. Se o mundo continua a viver desta maneira, não há mais muito tempo a viver. São mensagens que nós escutamos ainda hoje. É a mensagem do Clube de Roma, que analisa as dificuldades ecológicas do mundo. Vocês aqui são muito sensíveis a estas questões. E nelas podemos reconhecer a palavra de Jonas.

A felicidade de ver os maus castigados

O curioso é que Jonas, de certo modo, está feliz por ser um profeta da "má sorte". Ele diz tudo isso e, ao mesmo tempo, ele pensa que nada vai mudar. É o paradoxo de Jonas. Ele não tem mais medo de dizer o que ele tem a dizer, mas ele não acredita que o que ele diz possa ter alguma influência.

Esta é também uma etapa que podemos identificar em nossa existência. Nós dizemos o que temos a dizer, estamos lúcidos acerca dos acontecimentos do mundo e, ao mesmo tempo, não acreditamos que alguma coisa possa mudar. Há uma espécie de fatalismo, como se o encadeamento de causa e efeito não findasse jamais. É a lei do sansara: "O que foi, será".

E, para grande surpresa de Jonas, esta palavra é escutada. Para nós, é um ensinamento. Algumas vezes podemos dizer palavras que são justas para nós, mas não somos nós que falamos. Há uma voz na nossa voz. Como para os Terapeutas, onde, às vezes, há uma mão na sua mão. Ou como para a dançarina, onde há uma dança em sua dança. E através da dança do seu corpo, do seu ventre, é o Universo que vemos dançar.

Portanto, para nós é um ensinamento. É possível que não creiamos verdadeiramente no que dizemos. Contudo, precisamos dizer. O mais surpreendente em Jonas é que ele gostaria muito que os ninivitas não escutassem suas palavras. Esta espécie de contentamento que temos quando vemos os outros pagarem pelas consequências dos seus atos. A isso nós chamamos justiça. Há em nós algo impiedoso. Diante do comportamento de algumas pessoas sentimo-nos felizes, de certo modo, ao vê-las castigadas.

Na Idade Média havia um teólogo, que eu considero um mau teólogo, o qual dizia que ao sofrimento dos condenados se superajuntava a felicidade dos eleitos. Esta é uma triste felicidade. E esta triste felicidade era o que Jonas esperava. Ele esperava que os inimigos do seu povo sofressem o castigo.

Ora, o povo de Nínive creu em Deus. E crer em Deus, o que quer dizer? É aderir à presença do Ser, retornar à consciência do Ser. Reencontramos então o antigo significado da palavra "Penitência". Fazer penitência é sair daquilo que é contrário à natureza, na direção do que lhe é próprio – nas palavras de São João Damasceno. O povo de Nínive vivia contra a natureza e naquele momento voltou à sua verdadeira natureza.

É interessante ver como isto se passou. *Eles proclamaram um estado de jejum, vestiram-se de sacos, dos maiores aos pequeninos. E quando as palavras de Jonas chegaram aos ouvidos do Rei de Nínive, ele levantou-se do seu trono, despojou-se de suas roupas reais e, vestido unicamente de um saco, sentou-se sobre as cinzas. Então ele fez ordenar a Nínive: "Por ordem do Rei e da sua corte, nenhum homem e nenhum animal, de tamanho grande ou pequeno, comerá nada, provará ou beberá, nem mesmo água. Todos se vestirão de sacos, tanto os homens, quanto os animais. Eles invocarão Aquele que É, na chama do seu coração. Cada um deve sair do mau caminho e, saindo dele, nós não pereceremos".*

A primeira coisa que é pedida é o jejum. Esta é uma prática interessante, quando sentimos que perdemos o nosso eixo. Encontramos várias interpretações físicas e psicológicas do jejum. O jejum pode ser praticado para seguir um regime de emagrecimento, mas na dimensão espiritual tem a finalidade de fazer a experiência da falta. Descobrir que, além dos vegetais que nos nutrem, é o Senhor da Vida que nos nutre. É sentir também nossa fragilidade. É uma maneira de retornarmos ao essencial. É uma técnica que leva ao êxtase que, neste caso, é preciso manejar com cuidado. Se quisermos nos abrir a certos estados de consciência – este é um ensinamento que encontramos em muitas tradições – é bom não termos o estômago muito cheio. Há outros momentos em que, evidentemente, é ótimo enchê-lo. E esta é uma parte da formação dos hindus – quando querem ter visões, passam por um período de jejum.

Então os habitantes de Nínive fazem esta experiência do jejum. Em seguida, eles tiram suas roupas. As vestimentas que simbolizam as classes sociais e que são um sinal de reconhecimento. Na França, dá-se muita atenção à cor das camisas e ao nó das gravatas. Dependendo do Ministério em que as pessoas trabalham, suas camisas variam de cor. Em Nínive, é preciso retirar sua camisa, sua gravata, e se vestir com um saco.

Nínive tornou-se uma cidade cheia de sofrimento, porque alguns homens exerceram o poder sobre outros homens. Porque o desprezo, a desigualdade e o desrespeito se instalaram entre os seres. O fato de se despojar dos atributos de sua classe social nos lembra que, qualquer que seja nossa situação, somos todos seres humanos. Qualquer que seja nossa cor, somos todos cor da pele, desde o maior ao menor.

O que muito me surpreende é que os animais também devem participar do jejum. Do ponto de vista simbólico, dizem os Antigos, trata-se de fazer jejuar em nós nossos animais interiores, nossos impulsos, nossos instintos, a fim de que esta energia que se escoa para fora possa voltar ao nosso interior. Esta energia que se volta para dentro, esta força animal, vai se transformar em força de sabedoria e de iluminação.

Depois, há este momento onde todos estão sentados sobre as cinzas. É que nesta cidade todos têm que tomar consciência de sua condição transitória. De sua poeira. "Tu és pó e ao pó voltarás". Esta é apenas a metade da verdade. Porque é também verdade quando dizemos: "Tu és luz e luz te tornarás". Nós somos poeira na luz. E não podemos esquecer nem que somos pó, nem que somos luz. E voltamos à questão de algum tempo atrás, onde nos disseram, muitas vezes, que somos pó e, então, nos esquecemos de que somos luz. E também das vezes em que nos disseram que somos luz e, então, é bom que nos lembremos de que somos pó. Poeira que dança na luz – vocês já viram isso? É muito bonito! É o Universo – uma multidão de poeiras, uma multidão de átomos e de mundos que dançam na claridade da mais pura luz.

Então vamos nos sentar nas cinzas e reencontrar o sentido do nosso limite. Porque Nínive, em nós, é o que a psicologia chama de *estado de inflação*. Tomar-se pelo que não se é. Algumas vezes, em certos meios espirituais, há um pouco de inflação. Perde-se o sentido dos seus limites, há falta de humildade. E a humildade é muito importante, na tradição antiga. A humildade é a realidade. É ser aquilo que se é, nem mais, nem menos. Porque é orgulho crer-se pior do que se é.

Vocês conhecem a estória desta discípula de Teresa de Ávila que dizia: "Eu não valho nada, eu não compreendo nada, eu não sei nada..." E Teresa lhe diz: "Não acrescente nada, você já é bastante estúpida assim como você é". Portanto a humildade é a verdade, é ser o que se é. E a palavra *humus* quer dizer terra. Uma pessoa humilde é uma pessoa que se aceita como terra, como argila. Como a palavra *Adama*, Adão, quer dizer terra vermelha, terra ocre. Portanto ser humano é se aceitar terra. Os ninivitas, na riqueza do seu espírito, de suas concepções, talvez tivessem se esquecido de que eram terra.

A conversão não é, simplesmente, voltar-se para Deus e o texto de Jonas o comprova, mas voltar-se para a terra, retornar aos seus limites, sair da inflação. Porque ir para Deus não significa sair de seus limites, mas abrir seus limites. Para ver a luz num quarto nem sempre é necessário sair desse quarto, basta abrir a janela.

Portanto os ninivitas voltam-se para a terra, retornam ao essencial, aceitam-se em seus limites. E é do fundo de seus limites que eles invocam a Deus. É do cerne de sua humanidade que eles reencontram a chama da divindade. Este é para nós um ensinamento importante. Para ir até Deus não é preciso tornar-se menos humano mas, sobretudo, tornar-se mais humano. Os Antigos diziam: "Só Deus é humano". É viver a humanidade. Então, tornar-se mais humano, retornar à nossa humanidade, à nossa natureza, à nossa natureza terrestre, animal, é também nos aproximarmos de Deus. Esta é a espiritualidade da encarnação.

Meditar é decolar ou aterrissar? Algumas vezes é preciso saber decolar, quando estamos muito apegados, mas, na maior parte do tempo, meditar é aterrissar. É deixar descer ao templo do nosso corpo, ao templo do nosso espírito, ao templo de nossa humanidade, a presença do Espírito. Este é um caminho de encarnação.

Então Nínive se arrepende. Retorna à sua verdadeira natureza através do jejum, através da nudez, através do retorno à terra, através da escuta dos animais interiores e através da prece. Esta prece que é simplesmente uma abertura para a fonte do Ser. Que é uma escuta – como dissemos anteriormente – deste lugar em nós mesmos de onde vem e para onde volta o Sopro. Quando estamos nesta prática, não somos mais importunos para os outros.

E o que é pedido a Nínive não é a prática do amor, mas é primeiramente parar de importunar os outros. Este é um bom ensinamento para nós – antes de falarmos de amor, paremos de adicionar sofrimento ao sofrimento do mundo, de adicionar infelicidade à infelicidade do mundo. É por isso que cada minuto em que estamos felizes é infinitamente precioso, não somente para nós mesmos, mas para o mundo inteiro (exceto para Jonas).

Nós vimos que Jonas era uma pessoa muito humana. Não era alguém que aparece, logo de início, como um grande espiritualista, como um sábio ou como um profeta. Entretanto, ele era um sábio e um profeta que não podia se realizar. Ele não queria cumprir a missão que lhe era destinada. E é lá que o arquétipo vem juntar-se a ele. É lá que o arquétipo vem interrogar nossas resistências e nossos medos. Este medo que nos impede de nos levantarmos, de começar a caminhada, de despertar, de ir a Nínive e de pregar esta palavra, esta transformação que nos foi revelada. De ser o testemunho do transpessoal, de ser testemunho de uma outra dimensão, nesta vida comum.

Nós vimos como Jonas fugiu. Vimos como ele quer ficar deitado, como ele prefere o sono, mais dormir do que saber, mais dormir do que se conhecer. E nós vimos que esta recusa de se conhecer a si mesmo, a recusa de aderir a este movimento de vida em nós provoca redemoinhos no exterior.

Mas há momentos em que não podemos mais fugir. Há momentos em que não podemos mais nos mentirmos, nos contarmos estórias. Nós somos obrigados a sermos autênticos, não podemos mais fugir. O arquétipo de Jonas é também um convite para que mergulhemos na profundeza do nosso inconsciente, para passarmos através destas sombras, para mergulharmos na nossa própria experiência da morte, aceitarmos que nosso ser é mortal, para descobrirmos, em nós, o que não morre.

O que resta de nós, quando não resta mais nada? Resta esta informação, a fonte desta informação que se manifesta no espaço e no tempo. Foi através das provações, através da descida aos infernos, através da experiência da solidão, que Jonas reencontrou o seu centro. Jonas reencontrou, no coração do seu Eu, a presença do Self. Ele compreende que sua missão no mundo é, através do Eu, através de sua forma e do seu jeito, através do pacote de memórias que o constitui, ser o testemunho do Ser. E de deixá-lo falar nele.

A missão

Todos nós temos uma palavra a dizer. Nós temos um modo único e insubstituível de encarnar a vida, de encarnar o amor, de encarnar a inteligência. O que é pedido a Jonas não é, obrigatoriamente, o que é pedido a nós. Para alguns o que foi pedido foi amar através de suas mãos. Para outros foi pedido amar através de suas palavras.

Dizíamos que Jonas é, para nós, uma ocasião de nos interrogarmos sobre a nossa tarefa. Isto, neste mundo, pessoa alguma pode fazer em meu lugar. A pergunta à qual Jonas nos conduzirá não é somente a pergunta "quem sou eu?", mas: o que eu posso fazer por você? Estas são as duas perguntas essenciais em nossa vida.

Quem sou eu? É através das provações, dos encontros, do conhecimento que nós descobrimos o que somos.

O que eu posso fazer por você? Esta também é uma questão importante. O que eu posso fazer pelo mundo, tal qual ele é hoje em dia?

Então, a questão por que eu vivo transforma-se na questão: para quem eu vivo? E esta é uma verdadeira questão. Para quem eu me levanto a cada manhã? Vocês conhecem o drama de muitas pessoas que se levantam cada manhã sem ter porquê, sem ter para quem. E, algumas vezes, é suficiente levantar-se pela manhã; se não há alguém para amar, se não há muitas pessoas para amar, às vezes é suficiente levantar-se por seu gato, por seu cão, por sua planta.

É o *para quem* que nos coloca de pé. É por esta razão que, para uma mãe, às vezes, a morte de um filho é tão dramática. Porque uma mãe vive, frequentemente, por seus filhos. Por causa de um filho que lhe é tirado ela terá que aprender a viver para outros filhos, para outras crianças, para outras pessoas. Isto não é tão simples. É preciso muito silêncio, muito pudor, para falar destas coisas.

Jonas vai compreender que ele nasceu para ir a Nínive. Para ir a seus inimigos. Para ir àqueles que não o amam e que seu povo não ama. Para lhes dizer que eles podem ser salvos, se mudarem de vida.

E ele irá a Nínive. Vocês se lembram que os ninivitas sairão do encadeamento de causas e efeitos, que os conduzia à destruição. Eles vão se voltar para eles mesmos, eles vão mudar de vida, a fim de que a vida comum se torne possível. E Nínive não é destruída. Foi aqui que chegamos em nosso texto.

Terceiro Capítulo

Agora passaremos ao último capítulo, que parece, em princípio, um pouco chocante, porque Jonas não está contente de ver Nínive curada. Ele pensava que o castigo divino deveria se abater sobre estes seres injustos. Trata-se de observarmos bem a nós mesmos e de notar este prazer que temos quando vemos alguém sofrer pelas consequências nefastas dos seus atos. Chamamos a isso de justiça.

A experiência que Jonas fará é algo além da justiça. É a revelação de um outro Deus, de uma outra dimensão do Absoluto, que ele não pode imaginar que exista. Porque ele não pode imaginar que se possa perdoar a criminosos, a destruidores. Jonas tem um grande desprezo, vendo o que Deus fez.

Ele se encoleriza. Ela ora ao Senhor e diz: "Bem, Senhor, não era isto o que eu mais temia. E foi por isto que eu fugi para Társis. Eu adivinhava que Tu És um Deus cheio de graça e de misericórdia, refratário à cólera, rico em bondade. Agora, Senhor, retoma minha vida, porque eu prefiro morrer a viver assim". Reencontramos aqui esta pergunta que nos colocamos anteriormente a propósito do suicida (N.T.: cf. Apêndice). Para quem nós vivemos? Jonas quer viver para um Deus de justiça. Ele não quer viver para um Deus de misericórdia.

O medo de amar

Assim nós compreendemos que o Complexo de Jonas não é apenas o medo do sucesso, não é apenas o medo da grandeza que está nele, mas é o medo do amor que está nele. É o medo de uma bondade que é capaz de tudo compreender, que poderíamos dizer que é inumana, incompreensível. E ele diz consigo mesmo: "Se eu começo a amar assim, a perdoar o culpado, aonde vou chegar?"

Este tema não foi estudado suficientemente. Seria preciso partir de nossas experiências muito próprias, por exemplo, quando amamos alguém de um modo muito grande e não podemos exprimir-lhe o nosso amor porque ele não quer, porque este amor não o interessa. O que fazemos deste amor? De uma certa maneira este amor se volta contra nós e vai nos destruir. É como uma energia que não pode se liberar, que fica girando em nosso interior e nos destrói.

O que Jonas está recusando é o amor pela humanidade. É este amor que ele não quer que viva nele, esta paciência, esta paixão, estes atos diários bem concretos, que ele retém no interior dele mesmo e que arriscam destruí-lo. Descobrimos, assim, que o que chamamos Sombra é a nossa luz contida, é a nossa luz que não queremos doar. O que chamamos Sombra, que por vezes nos torna pesados, infelizes e que nos destrói, é este amor que não podemos dar.

Penso, novamente, numa amiga que perdeu um ente que lhe era muito querido. Ela me perguntava: "O que eu vou fazer deste amor, este amor que eu podia lhe dar, este amor que me fazia viver? O que fazer agora?" Pouco a pouco, ela compreendeu que se ela não pode mais amar esta pessoa, poderá amar outras pessoas. Se eu não posso mais amar esta criança que acaba de me ser tirada, poderei dar este amor a outras crianças. Se não, vamos nos aprisionar em nós mesmos e este amor, que era feito de tanta alegria, vai se transformar numa grande dor.

Este é um problema para muitos ocidentais. Porque identificamos o amor com a relação que temos com essa ou aquela pessoa. Quando esta pessoa não está mais entre nós, o amor desaparece. A pergunta que nos é colocada é: Podemos ter o mesmo amor, quer esta pessoa que despertou o amor em nós esteja ou não esteja conosco? Neste momento, o amor se torna não somente uma relação, mas um estado de consciência. É preciso poder amar, assim como a esmeralda é verde. Jonas não quer ser como esta esmeralda, ele quer amar o que ele ama e não quer amar os seus inimigos.

"Senhor, retoma a minha vida. Eu prefiro morrer a viver assim". A palavra que nós escutamos algumas vezes, na boca de alguns amigos israelitas, é: "É preferível morrer a perdoar os SS que nos perseguiram". Podemos compreendê-los e podemos compreender Jonas. Porque são estados de consciência que nós atravessamos. Aceitá-los e aceitar amá-los como a uma esmeralda verde não é tão simples. Requer a abertura do nosso coração a uma dimensão transpessoal. É o transpessoal que vai fazer com que Jonas compreenda.

O Senhor lhe diz: "Tu fazes bem em te encolerizar? Tu fazes bem em ficar tão revoltado? Tu fazes bem em te fechares nos limites do teu Ego?" Jonas se foi. Ele sentou-se ao leste da cidade e neste lugar fez para si uma cabana, para sentar-se à sua sombra, a fim de ver o que aconteceria à cidade. Então o Senhor Deus fez nascer uma planta que cresceu sobre Jonas, para dar sombra à sua cabeça e o aliviar. Jonas teve uma alegria imensa por causa desta planta. Mas na madrugada do dia seguinte Deus permitiu a um verme atacar a planta e fenecê-la. Além disso, quando o sol se levantou, Deus mandou do leste um vento abrasador. O sol batia na testa de Jonas e ele pensou que ia desmaiar. Disse-lhe então: "Prefiro morrer a viver assim". E Deus disse a Jonas:

"Tu fazes bem em te encolerizar a respeito desta planta?" Ele respondeu: "Eu sei bem da minha vida".

Como vocês veem, ele insiste. Ele quer ter razão. Para ele, o fato de perdoar é algo injusto. Mas através desta imagem, que nós já estudamos anteriormente, desta árvore que cresceu e desapareceu, ele vai compreender que a sua cólera é injustificável.

Há também uma questão que é colocada através deste texto. Deus está na origem do que nos faz bem, do que nos causa prazer, mas ele também está na origem deste vento abrasador e deste verme que rói. É ele que faz florir a nossa vida e é ele que a faz fenecer. É Aquele que dá o perfume à rosa e Aquele que dá à rosa os seus espinhos. E, em nossas vidas, gostaríamos de ter o perfume da rosa, sem conhecer os seus espinhos. Mas, se a rosa de nossa vida é uma verdadeira rosa, se não é uma rosa artificial, ela terá perfume e espinhos.

Então Jonas é convidado a aceitar sua vida na totalidade, o prazer e o desprazer, a tristeza e a alegria, e a receber tanto um quanto o outro como um dom da vida. É claro que temos o direito de preferir o perfume aos espinhos, mas o importante é amar a rosa. E quando se ama verdadeiramente a rosa, quando se ama verdadeiramente a vida, acolhemos o seu perfume e acolhemos os seus espinhos. Acolhemos o que nos dá prazer e acolhemos também o que nos entristece. Um e outro são inseparáveis.

É muito difícil, porém, para nosso espírito humano, conceber que na mesma origem, no mesmo princípio, na mesma causa, está o que chamamos de "o bem" e o que chamamos de "o mal", está o que chamamos felicidade e o que chamamos infelicidade.

E Deus disse a Jonas: "Tu fazes bem em ficar encolerizado a respeito desta planta?" Para que serve te revoltares? Aquele que É é. Aquele que É, é a vida e é a morte. É esta flor que floresce e é esta mesma flor que fenece. Tu és capaz de ver a realidade nesta Totalidade? De conter as duas?

E Jonas responde: "Não". Vemos que Jonas, nesta etapa do seu caminho, ainda não chegou lá. Nós podemos ter, em nossas vidas, revelações muito profundas, experiências numinosas, e não é por elas acontecerem que chegamos lá. Não chegaremos enquanto houver um *não* em nós, um não Àquele que É, enquanto não formos *sim*, sim a tudo o que É. Este *sim* não é uma desistência, mas uma adesão ao que a realidade nos dá a experimentar.

Então o Senhor diz: "Tu tiveste piedade de uma planta que não te custou nenhum esforço para crescer e que pôde viver e morrer entre uma noite e outra. Eu, então, não terei piedade de Nínive, a grande cidade, na qual há mais de 120 mil pessoas, que não distinguem sua mão direita da sua mão esquerda, e muitos animais?"

Um espinho no nosso polegar às vezes nos faz mais mal do que uma bomba sobre Hiroshima. Nossas pequenas preocupações tomam, às vezes, todo nosso espírito e nos cegam sobre o verdadeiro problema. A palavra que se endereça a Jonas é uma palavra que o convida a relativizar o seu Ego. Em ti falta sombra, em ti falta frescor, mas pensa que há, talvez, outras pessoas que te esperam, para que tu sejas o seu frescor e a sua sombra, para que tu sejas seu alimento e sua consolação.

O Livro de Jonas é o livro da travessia de todos os medos, os medos conscientes e os medos inconscientes. Mas o medo maior que existe em nós não é o medo de sermos nós mesmos ou o medo da morte, é *o medo de amar*.

O que me toca muito na Primeira Epístola de São João é que o contrário do amor não é o ódio. O contrário do amor é o medo. Este é também um tema a refletir. Mas esta reflexão começa por uma observação: a dos diferentes medos que nos habitam, a fim de fazer sua travessia. Não ter medo de ter medo, este é o começo do caminho.

Em seguida descobrir que nós temos, cada um, uma tarefa a cumprir. É isso que torna cada um insubstituível e dá um sentido à vida. Esta tarefa não está reservada aos sábios ou aos profetas. É na sua realização que cada um pode realizar a sua própria humanidade.

Ora, nós só nos tornamos homens nos ultrapassando, nos superando. É quando nós nos superamos no caminho para os outros, abertos ao todo-outro. Como dizia Nietzsche: "O homem é uma ponte e nos tornamos verdadeiramente humanos quando a atravessamos, quando atravessamos a nós mesmos". Caso contrário, regressamos, regredimos, tornamo-nos subumanos. O que nos lembra o Livro de Jonas é que não podemos fugir ao nosso desenvolvimento.

Ir além das nossas possibilidades, não para nos perdermos, mas para nos reencontrarmos. Desta maneira nos empenhamos segundo "o homem nobre", o filho do rei que está em nós, o filho de Deus que está em nós. Nesta atitude realizaremos nossa humanidade, ao mesmo tempo, pessoal e transpessoal.

Jung dizia que a negação do ser religioso em nós é mais grave que a negação do ser sexual. Porque é recusar uma energia, mais vasta ainda do que a energia vital. Através dessa energia espiritual, é a evolução do mundo que está em questão. Quando nós somos visitados por esta energia espiritual e a impedimos de se expressar, seja através da palavra, seja através de gestos de ternura, de atitudes de paciência, de perdão, de não julgamento, nós entravamos a evolução do mundo. E Nínive será destruída.

Nínive é o mundo inteiro e o mundo inteiro tem necessidade de nossas mãos, tem necessidade de nossa inteligência, precisa do nosso coração para se tornar o templo da divindade.

O sentido da nossa existência, como já dissemos há pouco, é estarmos aptos a responder estas perguntas:

- Quem sou eu?
- Por que eu vivo?
- Por quem eu vivo?

Quem sou eu e o que posso fazer por ti. Talvez estas duas perguntas sejam uma só. Para Jonas é a mesma. É fazendo alguma coisa por ti que eu descubro quem sou.

Existem lugares em nós mesmos que não existem enquanto o amor não tiver penetrado. Alguns dirão que há lugares em nós mesmos que não existem enquanto o sofrimento não tiver penetrado. E isto é verdadeiro. Aquele que já sofreu, conhece-se a si mesmo. Ele é menos apressado em julgar os outros. Mas eu prefiro dizer que há lugares em nós mesmos que não existem enquanto o amor não tiver penetrado. Porque só descobrimos a nossa identidade através da nossa capacidade de relação.

É fazendo alguma coisa por você, é fazendo alguma coisa pelos outros, que eu descubro quem eu sou. Que eu me descubro um ser, não somente para a morte, mas um ser para o outro. Para o pequeno-outro e para o Grande-Outro. E no pequeno-outro, o Grande-Outro está presente.

Eu me descubro, assim, através do serviço, quer este serviço seja o da Palavra, quer seja o das ações de todos os dias, ou do nosso trabalho, ou da terapia. Descubro que eu sou capaz de levar, não apenas uma vida sofrida, mas uma vida escolhida. Eu não sou capaz de viver apenas uma vida mortal, mas uma vida de doação.

Então, na raiz de todo este *Complexo de Jonas* que nós estudamos, além de todos estes medos, nós encontramos o *medo de amar*. O medo de se perder. Nosso medo da morte é proporcional ao nosso medo de amar. Há uma relação estreita e estranha entre o amor e a morte. Eu penso numa palavra do Cristo, que reencontramos em muitas tradições: "Quem quiser salvar o seu Eu, se perderá. Quem perder o seu Eu, por algo maior que o seu Eu, se encontrará, encontrará o Self ".

Assim temos uma escolha entre uma vida perdida e uma vida doada. Tudo o que não fazemos por amor, é tempo perdido. Tudo o que fazemos por amor, é a Eternidade reencontrada. A única coisa que não nos podem tirar, a única coisa que a morte não pode nos tirar, é aquilo que nós doamos. O que tivermos dado, nada, nem ninguém, pode nos tirar. É esta doação, o que fica de nós mesmos.

E esta é a palavra de Jesus quando ele diz: "Minha vida, ninguém pode tirá-la, sou eu quem a dou". O que foi pedido a Jonas é que, antes que sua vida seja tirada, ele já a tenha doado. Nínive é a ocasião para ele dar a sua vida, para ele dar o seu ser e, assim, não morrer. É esta a vitória paradoxal do amor sobre a morte. Não se pode tirar de nós aquilo que nós já doamos.

E se quisermos resumir o Livro de Jonas, poderemos dizer que Jonas tem medo de conhecer isto. Nós iremos morrer dentro em pouco, portanto vivamos, portanto amemos antes de morrer. Jonas desejava isto como nós mesmos desejamos, mas ele tinha medo de desejar. De se entregar a este desejo tão simples e tão belo! Há em nós, como em Jonas, o medo de desejar.

Jonas sabia também que os outros irão morrer, como nós iremos morrer. Se somos todos iguais diante da morte, quem somos nós para julgarmos, excluirmos, rejeitarmos, ajuntarmos à morte precoce a morte da violência e da guerra, sermos judeus, sermos cristãos, sermos humanos, sermos ateus, sermos budistas, sermos espíritas, sermos ninivitas? Nós somos todos seres humanos. Terrenos. Poeira de estrelas.

Jonas sabe disso. Se nós todos somos assim e se a vida neste espaço-tempo é tão breve, não estamos aqui para envenenarmos a vida uns dos outros. Estamos aqui para tornarmos a vida a mais agradável possível, uns aos outros.

O grande medo de Jonas é ser misericordioso como Deus é misericordioso. O medo de Jonas é ser Deus. Um Deus que não é apenas justo à sua imagem, que pune os maus e exalta os santos, mas um Deus que faz brilhar o seu sol sobre o ouro e sobre o lixo e que faz descer a chuva sobre os bons e sobre os maus.

Jonas não quer saber se o fundo de seu coração é doce e esta doçura não é uma fraqueza, mas uma grande força.

Jonas é o medo de amar, o medo de ser Deus, porque Deus é Amor. "Porque aquele que permanece no amor, permanece em Deus e Deus permanece nele". Esta é uma palavra de São João, que é tão simples a compreender, é tão bela a contemplar e tão difícil de viver!

Portanto, o que é importante é viver, porque teremos o sol em nós mesmos. Será a vida divina que viverá através da nossa vida humana. E será o Self que se expressará através do Eu.

O medo de Jonas é o da perda do Self amoroso, que convida o Eu a doar-se. Quer dizer, a morrer inteligentemente ou melhor, a morrer amorosamente. Ao ir para Társis, tentando preservar o seu Eu, Jonas não poderia senão perder-se. Morreria velho, talvez, mas sem ter vivido. Indo para Nínive, ele descobre que pode se doar. Morrer também, sem dúvida, mas não sem ter amado.

É isto que podemos nos desejar uns aos outros, em conclusão desta caminhada com Jonas – é não morrermos sem antes termos vivido, é não morrermos sem antes termos amado.

Epílogo

Gostaria de terminar cantando. Tenho desejo de cantar com vocês *"As Bem-aventuranças"*, porque nesta passagem do Evangelho reencontramos a mensagem de Jonas. Em hebraico infelicidade quer dizer estar parado. Estar parado numa imagem de si mesmo ou nos sintomas de sua doença. A felicidade está em caminhar. A Bem-aventurança é andar.

O ensinamento de Jesus sobre as Bem-aventuranças é nos dizer que, quando sofremos, quando choramos, fiquemos de pé, continuemos caminhando. Através disso, através dessa provação, nós sairemos maiores, nós nos tornaremos mais divinos. Através de nossa morte vamos descobrir a vida que não morre.

É esta palavra que eu queria cantar com vocês. Eu canto em francês e vocês me acompanham com um murmúrio, como o das abelhas quando vão fazer mel. Vamos nos levantar.

O canto termina com um Aleluia. Eu lhes proponho que vocês deixem ecoar este Aleluia dentro de vocês da maneira como quiserem. Pode ser um Aleluia alto ou muito suave. Cada um como souber. E se, neste momento, o corpo quiser dançar, podem deixá-lo dançar.

Vamos oferecer este canto para Mateus, para todas as crianças do mundo, por todas as crianças nos adultos que somos, para que venha a Paz em tudo e em todos.

"Em teu Reino, lembra-te de nós, oh Senhor!
Bem-aventurados os pobres no Espírito, o Reino dos Céus é para eles.
Bem-aventurados os doces, a Terra é sua herança.
Em teu Reino, lembra-te de nós, ó Senhor!
Bem-aventurados os que choram, eles serão consolados.
Bem-aventurados os corações simples, eles verão a Deus.
Em teu Reino, lembra-te de nós, ó Senhor!
Bem-aventurados os artesãos da Paz, eles serão chamados Filhos de Deus.
Bem-aventurados os perseguidos pela justiça, o Reino dos Céus é
para eles.
Em teu Reino, lembra-te de nós, ó Senhor!
Aleluia! Aleluia! Aleluia! Aleluia!

Que a Paz e a Graça de Deus estejam com todos nós. E boa caminhada em vosso caminho.

Apêndice
(Perguntas e respostas)

1. De acordo com os Terapeutas de Alexandria, os seres humanos são constituídos de corpo, alma e espírito. Onde se localiza o inconsciente, nesta abordagem?

Inicialmente, é preciso definir o que nós entendemos por inconsciente e este é um tema para várias horas de discussão.

O inconsciente tem sentidos diferentes, segundo a abordagem de Freud ou a de Maslow. O sentido no qual eu empreguei a palavra *inconsciente* não é simplesmente o da rejeição das memórias da primeira infância, mas o da rejeição da memória do essencial em nós.

Esta recusa do essencial nos toca o corpo, o psiquismo e o espírito. Um dos sintomas desta recusa no corpo – nós vimos no texto de Jonas – é o torpor, o cansaço, um desejo de ficar deitado. São sintomas de um certo estado depressivo. É não ter vontade de se levantar, não mais escutar esta voz que diz: "acorda!, levanta-te". No corpo, é como um estado de sono.

No psiquismo esta rejeição se manifesta através de sintomas de fuga. Nós evitamos tudo o que nos fala da dimensão espiritual. Por exemplo, numa livraria, ignoramos e passamos ao largo de livros sobre um determinado assunto, de maneira sistemática. Nós fugimos do silêncio interior, fugimos daquele momento onde nos encontramos face a face conosco. E fugimos de pessoas que colocam em questão a nossa visão do homem, que ameaçam a nossa percepção de "normose", daquilo que nos cerca. Então, no psiquismo há uma espécie de fuga e de recusa.

Do ponto de vista espiritual, poderíamos falar de castração. Podemos nos castrar em nossa dimensão animal, o que é lamentável e triste. E podemos nos castrar em nossa dimensão angélica. Como falamos há pouco, em Jonas, cortamos as nossas asas. Portanto, esta recusa do espiritual pode se manifestar por uma visão do homem, limitada, deformada, aprisionada, que o impede de se abrir à sua divindade.

Este poderia ser um tema a ser desenvolvido, onde a recusa do transpessoal gera sintomas no corpo, no psiquismo e no espírito.

2. Um dos presentes lê a passagem de Jonas e pergunta: a) Qual o sentido da tenda que Jonas construiu para ele? b) Qual o sentido da árvore que lhe deu sombra? c) Qual o sentido do verme que veio para destruir a sensação agradável da sombra?

Você se adianta um pouco, pois estes assuntos serão abordados a seguir. Não chegamos ainda neste ponto do Livro de Jonas, mas vamos dar alguns elementos de reflexão em relação ao que já falamos anteriormente.

A pequena cabana representa, no Livro de Jonas, um processo de proteção. Ele deseja criar um ambiente que lhe seja favorável. Ele está num momento de regressão.

Esta passagem, onde ele diz: "Melhor vale morrer do que viver assim", corresponde ao momento em que Jonas está perdendo a imagem que ele tem de Deus. Porque ele não acredita que Deus seja misericordioso com os inimigos do seu povo. Para ele é impossível. Esta palavra de Jonas eu já encontrei com fre-

85

quência em alguns amigos israelitas, quando eles dizem que não é possível que Deus perdoe aos soldados SS após tudo o que eles fizeram a seu povo.

É por isso que, na tradição judaica, lê-se o Livro de Jonas durante o Yom Kippur. Nós estamos agora em pleno tempo do Yom Kippur, do grande perdão. O que não se pode perdoar porque é impossível, inaceitável, no momento do Yom Kippur, os israelitas pensam em Jonas. Eles apelam para esta divindade que existe neles e que é capaz de perdoar aquilo que eles não conseguem perdoar. Esta é uma experiência transpessoal. O Eu não sabe perdoar. Mas há um Eu maior do que nós mesmos. E quando nos abrimos a esta dimensão de nós mesmos, tornamo-nos capazes de perdoar o imperdoável.

Antes de chegarmos a este ponto, vemos que Jonas se revolta e diz não. É o seu Eu que fala, que se revolta diante da injustiça e que procura para ele uma pequena cabana, para não escutar mais essas coisas.

E uma árvore se levanta sobre sua cabeça, sendo um ensinamento para ele. Porque ele vai ficar triste com o desaparecimento desta árvore, que lhe fez tanto bem. Deus vai fazê-lo compreender: "Se tu estás triste por uma árvore que acabas de perder, por uma razão muito mais forte o Senhor da Vida fica triste quando morre um só de seus filhos". Nós já falamos sobre isso. Porque o que Jonas está recusando nele, o que lhe faz medo, é o amor incondicional.

O que poderia nos acontecer se começássemos a amar incondicionalmente? Se perdoássemos os nossos inimigos? Este é o mais perigoso de todos os perigos, este despertar do coração. E em Jonas é preciso muito tempo a fim de que ele possa despertar para esta dimensão transpessoal do seu ser.

3. O que você considera uma "personalidade bem estruturada"?

Será que vocês já encontraram uma personalidade bem estruturada? O que é uma personalidade bem integrada e bem estruturada? É uma coisa muito rara e um grande tema de reflexão.

É semelhante à pergunta: O que é um homem normal? Será que o Buda é um homem normal? Se ele for normal, nós todos estamos muitos doentes. Se Cristo é um homem normal, nenhum de nós está bem estruturado. Nós ainda não integramos bem o céu e a terra, o infinito e o finito, o rigor e a misericórdia.

Eu creio que uma pessoa bem estruturada é alguém que está a caminho. Em processo. Não podemos dizer que alguém já está estruturado porque então ele estaria acabado, completo. O homem não é um animal perfeito, mas é um animal aperfeiçoável. Nós estamos no caminho do aperfeiçoamento, estamos no caminho da estruturação. E esta estruturação é uma integração dos opostos e dos contrários a fim de que o contrário se torne complementar.

Trata-se de integrar, em nós, o pai e a mãe, a dimensão masculina e a dimensão feminina. Trata-se de integrar, em nós, os dois hemisférios do nosso cérebro, o modo de conhecimento intuitivo e o modo de conhecimento analítico. Como eu dizia outro dia: um pássaro tem duas asas, a asa do céu e a asa da terra. E em nós todos falta, mais ou menos, uma asa. O nosso caminho é o de integrar o que nos falta.

Assim não podemos propor uma imagem de um homem perfeitamente estruturado. Arriscaríamos a fazer dele um ídolo. Porque cada um de nós tem um modo próprio de se estruturar. A estrutura de uma macieira não é igual à estrutura de uma ameixeira. Não temos que imitar uma macieira, se formos uma ameixeira. Mas temos que escutar a nossa própria seiva, nos tornarmos e carregarmos os nossos próprios frutos.

Isso pressupõe uma certa liberdade em relação aos frutos que são vendidos em nossa sociedade e que nos são apresentados como os únicos que têm valor. Porque, algumas vezes, os frutos têm uma bela aparência, mas não têm sabor. Outras vezes são frutos amassados, aparentemente estragados, mas de um sabor muito doce. E a sua estrutura interior não é a aparência, é o sabor.

Um homem bem estruturado é aquele que tem, em si mesmo, o gosto do ser, através da forma que lhe é própria. E a palavra *sábio* vem do verbo *saperer,* que quer dizer saborear – e que faz com que, nele, o ser saboreie o Ser. Mas não é uma estrutura que podemos medir.

Colocando a pergunta de uma outra maneira: O que me impede de ser eu mesmo? E se eu tirar de mim tudo o que não sou Eu?

Um homem bem estruturado é um homem que reencontrou o seu centro e, em torno deste centro, seus pensamentos, seus afetos, encontram sua ordem e sua estrutura. Portanto a pergunta poderia ser esta: A minha vida tem um centro? Uma vida sem sentido é uma vida sem centro. Podemos fazer todas as coisas estando centrados e fazer as mesmas coisas sem estarmos centrados. Vejam a diferença. De um lado estamos estruturados porque tudo está ligado a seu centro e, do outro lado, quando não estamos centrados, tudo o que fazemos nos dispersa, nos pulveriza e nos fragmenta.

4. Qual o significado da palavra "Pléroma"?

Pléroma é uma palavra grega que significa plenitude, inteireza. Encontramos esta palavra em alguns filósofos quando eles falam do ser humano e o colocam em uma relação com o Universo. *Pléroma* é o universo, o microcosmo no macrocosmo. É também uma das figuras da cabala – a figura do homem universal, o homem que contém nele o universo.

Quando eu dizia, há pouco, que há em nós um desejo de *Pléroma,* eu me referia a este desejo de unidade, de integração com a Totalidade. Esta integração com a Totalidade não é uma dissolução, não é uma perda de personalidade, mas uma abertura da personalidade à Plenitude do Ser.

5. A Gnose é um conceito cristão? A Gnose leva ao Pléroma?

Os dois são inseparáveis. É preciso esvaziar-se para ser preenchido. É preciso ser esvaziado de uma certa imagem de si mesmo para ser preenchido por uma nova imagem.

Gnose e *Pléroma* são os processos de morte e ressurreição. Mas na mesma realidade. Esta realidade é percebida no medo, na desestruturação e, também, como um desejo de completude. É o mesmo real que nos esvazia e que nos preenche. É por esta razão que Gnose e *Pléroma,* morte e ressurreição, são inseparáveis em nossas vidas.

Algumas vezes queremos, simplesmente, viver a experiência do *Pléroma,* sem viver a experiência da Gnose, queremos ser preenchidos sem sermos esvaziados. Por isso não conseguimos, já que o processo consiste em manter os dois juntos.

6. Como é possível juntar em nós mesmos este processo de Gnose e Pléroma? É possível conciliar a Plenitude com o Vazio?

Este é o processo da nossa vida quotidiana. É necessário deixar ir embora o que a vida nos tira. Algumas vezes ela tira nossa juventude, nossa memória, e através desta aceitação podemos nos voltar para o que nos é doado. Algumas vezes olhamos o brinquedo que nos foi tirado e não vemos o tesouro que nos foi dado.

Algumas vezes nos é tirada a imagem que tínhamos de nós mesmos, uma imagem muito narcisista. É a ocasião de crescer, de vermos quem somos, realmente. Ao invés disso, continuamos apegados à velha imagem que tínhamos de nós mesmos. E ficamos com um bloqueio no nosso vir a ser, no nosso processo de transformação. Porque não vemos que a vida nos despoja, tornando-nos cada vez mais nus, com finalidade de nos desposar. Se tiram nossas vestimentas, é para conhecer o momento das núpcias. E o Senhor da Vida tira nossas vestimentas para unir-nos, mais profundamente, a ele.

Mas se nós o esquecemos, se nós esquecemos o Ser que está por trás deste trabalho de despojamento, corremos o risco de sentir frio e teremos medo de estar nus.

7. Existe uma relação entre a neurose do sucesso e o bloqueio que impede o orgasmo pleno?

Esta é uma pergunta muito interessante porque reúne certo número dos medos que vimos no texto de Jonas.

Eu creio que efetivamente há um elo. O medo diante do prazer que, algumas vezes, é considerado como culpável e que, em certas educações, é considerado como um pecado. O prazer é considerado algo perigoso e que faz medo. Estas informações aparecem inconscientemente e impedem a entrega e a confiança. Este é um primeiro nível de reflexão.

Um segundo nível de reflexão pode ser o seguinte: é a busca de atingir o orgasmo que impede o orgasmo. Quer dizer, temos uma ideia do que deve ser o prazer – hoje há muitos livros e ensinamentos sobre o assunto –, e perdemos toda a espontaneidade.

Eu me lembro quando era adolescente e um de meus amigos me emprestou um livro, que se chamava "A arte de beijar". Quando eu quis beijar uma garota, pela primeira vez, antes de passar à ação, eu consultei o livro. E foi um fracasso. Quando eu amei uma pessoa e não me preocupei em beijar bem, mas somente em amar e partilhar o momento com essa pessoa, o beijo foi muito doce. Acredito que para o orgasmo seja igual. O orgasmo ocorre como um suplemento, se nós buscamos, primeiro, o amor.

O terceiro nível de reflexão é onde nós encontramos o domínio do transpessoal. O orgasmo é um momento de morte do Ego, um abandono do Ego. E neste momento pode ocorrer uma experiência transpessoal. Desse modo, alguma coisa em nós pode temer essa experiência. Não é o medo do sucesso, mas o medo de perder o controle – é o medo do transpessoal.

Eu acredito que não se trate de buscar o orgasmo, porque o importante é amar. E quando o orgasmo ocorre, quando a entrega se completa, então o amor e a confiança podem se completar e o que nos acontece é recebido como uma graça da vida.

8. *Os existencialistas falam que o medo do fracasso e do ostracismo devem aumentar a angústia de viver. Isto nos faz pensar na culpa que nos foi legada pela religião cristã, com a noção do pecado original. Então eu faço uma relação com Adão e Eva, que são considerados arquétipos masculino e feminino. A integração destes arquétipos poderia ser a base para caminhar em direção à plenitude?*

Eu creio que se falou muito do pecado original e não se falou bastante sobre a confiança original. O que a passagem do Gênesis refere como a queda é a queda do estado de confiança e de abandono para um estado de medo e desespero, para um estado de medo e desconfiança. O Paraíso perdido é a confiança perdida. O caminho para este paraíso é o de reencontrar, em nós, a confiança na vida.

E é bem este o nosso assunto, porque Jonas não tem confiança nesta voz que lhe fala, como nós não temos confiança nesta voz que nos inspira. Nós não confiamos em nosso desejo essencial.

Efetivamente, com Adão e Eva, razão e sensação, trata-se de torná-los, em nós, confiantes na vida. Para que a razão não tenha medo do irracional e que as sensações não tenham medo do racional. Temos que reencontrar a confiança essencial, que nos faz dizer que tudo o que nos acontece tem um sentido e é para nossa evolução pessoal e transpessoal.

9. O fato de não nos mentirmos mais, mesmo que possamos nos enganar, tem relação com a escada do desejo e do medo?

Nós podemos nos enganar mas não podemos mais nos mentir. O erro pode ser cometido por falta de conhecimento, pelo nosso inconsciente. O fato de não mais mentir supõe um estado de evolução avançado, uma tomada de decisão que nos permite aceitar nossos limites, mas com esta exigência de autenticidade.

Em relação à escala que estudamos, podemos situar este desejo de não mais nos mentirmos, naquele momento em que nos tornamos livres em relação ao que os outros pensam de nós. É um teste que podemos fazer conosco. No momento em que nos damos conta que as pessoas podem pensar bem de nós – e isto não nos provoca nenhuma inflação –, e no momento em que os outros pensam mal de nós, têm pensamentos negativos a nosso respeito e este fato não nos provoca nenhuma depressão, é o sinal de que nos tornamos livres diante do olhar que pousa sobre nós. Isto não é tão simples, o fato de não nos identificarmos com aquele olhar pousado sobre nós.

Nossa vida vale pelo espelho diante do qual nos colocamos. Há alguns anos, eu lhes contei a estória de uma tribo de índios, na Amazônia, em que todas as crianças eram belas porque não havia outro espelho, além dos olhos de suas mães. Nossa vida vale pelo olhar diante do qual nos colocamos. E o olhar materno nem sempre é um olhar complacente.

A dificuldade é encontrarmos um olhar em que possamos ser nós mesmos, em verdade, e sem desesperarmos de nós mesmos. Um olhar completamente lúcido e, ao mesmo tempo, completamente amoroso. Porque o olhar lúcido que nós encontramos frequentemente nos mata e o olhar benevolente que nós encontramos não nos ajuda a descobrir a nossa verdade. E temos necessidade, para sermos nós mesmos, de ter sobre nós um olhar de verdade e de amor.

Na arte cristã antiga, representava-se o Cristo com um olho de olhar doce e um olho de olhar severo, para simbolizar esta realidade, ao mesmo tempo, de justiça e de misericórdia. Uma integração de severidade e de ternura. E quando vivemos sob este olhar, é possível viver sem nos mentirmos, porque podemos cometer erros, mas não seremos julgados por estes erros. Seremos julgados pela nossa sinceridade. Acontece que nós nos dividimos pelas mentiras, nós nos fragmentamos em nós mesmos. E, neste sentido, teremos muito sofrimento.

Do mesmo modo, diante de uma situação difícil, onde há uma escolha a fazer, voltamos a Santo Tomás de Aquino: "Eu tomo a decisão que é melhor para mim, que me pareça a mais justa mas, ao mesmo tempo, não tenho certeza de nada e vou procurar esclarecer meu julgamento". Assim podemos dizer que não há atitudes justas, mas atitudes que se ajustam. O que é justo num momento, não o é em outro. Temos que nos ajustar sem cessar.

10. Como se explica que um paciente em hipnose fale de vidas passadas, citando nomes, datas e fatos a elas relacionadas, transmitindo um vasto conhecimento, sendo este paciente culturalmente ignorante?

Será que é preciso explicar isto? Talvez seja preciso, simplesmente, observar. E observar que o conhecimento que temos em nós nem sempre é o conhecimento que adquirimos, conhecimentos que vêm da nossa cultura, daquilo que aprendemos na escola ou na universidade.

Cada um carrega dentro de si a memória da humanidade. Os físicos nos dizem que somos poeira de estrelas. Toda a história do universo está em nosso corpo e, também, quando descemos à profundeza do nosso ser, as informações que estão em nossas células podem revelar toda a espécie de memórias que não aprendemos e que pertencem à sabedoria do Universo em nós.

Alguns explicam este fato dizendo que vivemos em vidas passadas. Nós podemos explicar dizendo que conhecemos tudo isto em nossa vida interior. E que, nesta vida interior, na memória das nossas células, em nosso código genético, há todo este saber que, em certos momentos de nossa vida, aflora à nossa consciência.

Sobre este tema teríamos muita coisa a dizer. Na humanidade, certas pessoas utilizam bastante a explicação, pela reencarnação, da felicidade ou da infelicidade que lhe ocorre. Mas há também outras explicações e a pessoa é livre para escolher a explicação que a ajuda a viver, a se tornar melhor.

11. Em nível coletivo, arquetípico, como você vê a procura tão grande pela espiritualidade, nesta época? Você a vê como uma busca do transpessoal? Ou, na maior parte, como uma fuga do conhecimento do Ego?

Eu acredito que existam ambas as hipóteses. Eu acredito que, em todas as épocas, alguns utilizaram a espiritualidade como um mecanismo de defesa, para não ter que enfrentar os seus limites, sua condição mortal, seu lugar na sociedade. Mas eu acredito que existam em nossa época, como em todas as épocas, homens e mulheres que sabem que não foram feitos somente para morrerem, que não ficam satisfeitos com as pequenas alegrias que lhes são propostas e que têm neles a nostalgia do Ser essencial.

O critério de discernimento é, talvez, o desenvolvimento de uma espiritualidade que não seja contra o mundo, contra a matéria, contra o corpo, mas que procure transfigurar o mundo, transfigurar a matéria. Porque se a espiritualidade não tiver nada a transformar, ela é como asas que podem voar mas que não têm um pássaro para carregá-las.

Para mim, um dos critérios de autenticidade é a não oposição entre o céu e a terra. Como ser materialista sem esquecer a dimensão espiritual? Como ser espiritualista, sem esquecer a dimensão corporal? Porque o céu e a terra foram feitos para as núpcias. Assim também a matéria e o espírito são feitos para se unirem. E eu creio que uma das belezas da nossa época é a de uma espiritualidade não dualista.

12. Em que medida o amor por si mesmo e o respeito por si mesmo podem nos ajudar a evoluir nesta escala do desejo e do medo?

Não se pode amar os outros se não se ama a si mesmo. Aí reside a dificuldade e é por isto que Freud dizia que o ensinamento do Cristo, que pede para se amar o próximo como a si mesmo, é algo impossível. Porque o homem não ama a si mesmo.

Portanto a primeira coisa que temos a fazer é amarmos o outro que somos, dentro de nós mesmos. E como nos amarmos a nós mesmos, se não recebemos um olhar amoroso? Porque só se pode dar o que se recebeu.

A questão é: Para uma criança que não foi amada, como poderá amar os outros? Observa-se, por exemplo, que as crianças espancadas preferem o apanhar ao nada. O problema é que, quando elas se tornam adultas, elas terão dificuldades em entender que há outra linguagem, a linguagem da afeição no lugar daquela de agressão.

E como amar a si mesmo? Talvez a dimensão transpessoal possa nos ajudar, quando nos faltou o amor de uma mãe, quando o amor de um amante nos faltou... Trata-se de viver esta experiência em que, por vezes, nós somos amados pela terra, somos amados por uma árvore. Pessoalmente, eu devo muito a uma cabrinha, porque eu me senti amado por ela. E eu comecei a me amar quando eu pensei que uma cabra podia me amar. Algumas vezes os animais nos ajudam muito a nos aceitarmos a nós mesmos. A partir daí talvez possamos projetar sobre os outros o amor que recebemos em nós mesmos.

Num nível mais espiritual, trata-se de fazer esta experiência, mas se precisaria falar com muita delicadeza do amor de Deus por nós. E quando nos sentimos amados por ele, quando reconhecemos que todos os seres são amados por ele, vamos poder começar a amar o outro como a nós mesmos.

Eu creio que a sua pergunta é muito importante, porque às vezes dizemos amar os outros apenas para fugir de nós mesmos. Eu observei este fato, algumas vezes, no meio cristão. Pessoas aparentemente muito generosas, que fazem boas ações, mas que não amam a si mesmas. E os seus gestos de amor são vazios. Cumprem o seu dever, aquele dever que vem da cabeça mas que não vem do coração.

É por isto que a palavra do Cristo não é para se entender como uma ordem, como uma obrigação. Jesus não disse: "Você deve amar". Porque se lhes dizem: é preciso amar isto, é preciso amar aquilo, vocês se arriscam a se tornarem hipócritas. É suficiente (sob o pedido de amar esta ou aquela pessoa) que me digam isso como uma ordem para que esta ordem me torne incapaz de amar. É como um homem que diz a uma mulher: Você deve me amar, é preciso que você me ame – e veremos as complicações que serão criadas.

Cristo nunca disse: "Você deve amar". O problema é que, quando nós lemos estas palavras, nós conhecemos somente estas palavras e nos esquecemos de sua música. Será que o Cristo disse: "Você amará e se não amar vai para o inferno"? Porque algumas vezes ouvimos estas palavras ditas desta maneira.

Ou será que o Cristo disse: "Você amará!" – com o verbo no futuro? Como uma esperança. "Hoje você não ama, hoje você ama somente com a sua cabeça, ou somente com o seu coração, mas um dia você amará com todo o seu coração, com toda a sua alma, com todas as suas forças". É um exercício que nos é proposto. É um vir a ser, um tornar-se.

Então, o que nos é proposto como exercício é amar o outro como a si mesmo. Ser capaz de amar-se, para amar o outro. Reconhecendo a si próprio, no outro. São Paulo nos dá esta imagem, que vocês conhecem: – "Se o pé sofre, é todo o corpo que sofre". E este é um estado de consciência, um estado de compaixão, que se descobre pouco a pouco, onde nós cuidamos e nos ocupamos do sofrimento do outro como uma parte de nós mesmos. Neste momento, vemos o elo entre nós mesmos e o outro.

Mas nem sempre estamos neste nível. Eu amo muito uma mulher, na França, que começa sempre suas orações dizendo: "Meu Deus, eu não vos amo, eu não vos amo ainda". Esta é uma posição de honestidade. Talvez em vez de dizer aos outros que os amamos, devêssemos dizer que não os amamos ainda. Agora vocês podem imaginar um casal, quando um dos parceiros diz: "Meu querido, eu não te amo, mas eu chego lá, eu chego lá...!"

13. Eu não entendi o que você quis dizer com: "Nós vemos hoje em dia uma espiritualidade não dualista".

O que eu chamo de espiritualidade não dualista, talvez possa ser expresso através de diferentes desenhos.

Existe a espiritualidade que podemos representar como uma pirâmide. A evolução do homem em direção à luz. É a luz que vem coroar o esforço do homem. A luz é o cume do esforço do homem – é o caminhar do herói.

Há também uma outra espiritualidade, a da Graça, aquela que diz que é Deus quem faz tudo, que somente a graça de Deus existe. O homem é quase nada, o homem está como esmagado pela graça de Deus. De um lado eu posso dizer que é o homem que faz tudo e do outro lado é Deus que faz tudo.

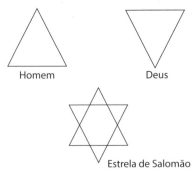

A imagem da não dualidade, que é uma imagem de sinergia, é a imagem do selo de Salomão. Um desejo do homem a Deus e, ao mesmo tempo, a sua acolhida à Graça. Nós reencontramos este mesmo símbolo na cruz.

Há os que dizem que só a via vertical existe e que Deus é o coroamento de nossos esforços. É interessante observar isto na história da arte. Nas origens, quando os santos e o Cristo eram representados, eram colocados dentro de uma redoma. Depois, pouco a pouco, eles foram representados somente com uma auréola em torno da cabeça. A partir do século XVI passaram a ser representados com um pequeno "disco voador" em torno da cabeça.

Isto é muito significativo porque a Graça, no início, estava no coração da natureza, depois ficou somente na cabeça e, finalmente, ficou como que desconectada do corpo. O divino e o humano são representados separados, o que era ocasião para que Jacques Prévert, um poeta francês, dissesse: "Pai nosso que estás nos céus, fica aí". Portanto, a união entre o homem e Deus, entre a natureza e a Graça, entre a imanência e a transcendência foi cortada.

Nós estamos, então, no dualismo e temos que reencontrar o equilíbrio da cruz, o equilíbrio entre os dois braços – vertical e horizontal. A cruz é um símbolo de integração entre a linha vertical – que é o sentido da transcendência, o sentido do além de tudo – e a horizontal, que é o sentido da imanência, Deus dentro de tudo. Algumas vezes a nossa cruz, como nossas estrelas, está muito desequilibrada. A cruz jansenista, por exemplo, tem uma grande vertical e uma pequena horizontal. E é muito interessante observar a espiritualidade desta escola, que insiste muito sobre a prece, sobre a contemplação, negligenciando o mundo e a sociedade. Esta escola tem um grande desprezo por tudo o que é horizontal.

Hoje, em algumas escolas cristãs, se insiste muito sobre a horizontal, sobre a exigência de justiça, de igualdade entre os homens. E a dimensão vertical é, por vezes, esquecida. O que eu aprecio muito em Leonardo Boff, em sua teologia, é que ele integra a mística sem esquecer a sociedade e sem esquecer o mundo.

Numa visão holística há esta abertura à altura e à profundeza, à luz e à sombra, mas há também esta abertura ao mundo, ao mundo racional, ao mundo científico, ao mundo mágico, ao mundo feminino. A cruz é o símbolo da integração. É preciso que sintamos, no interior de nós mesmos, esta estrela e esta cruz. O importante, novamente, é o centro, o ponto de encontro, de abertura à transcendência e de abertura aos outros e ao mundo.

O exercício que o Cristo propõe é de amar ao Pai, amar a fonte de todas as coisas, vivendo momentos de silêncio e de contemplação e amando os irmãos. A contemplação unida à ação.

Existiram outras imagens, que encontramos na tradição oriental, mas não vale a pena continuar já que vocês estão bastante familiarizados com elas. Estas imagens, como a do Tao, indicam uma espiritualidade não dualista.

É preciso se lembrar, contudo, que a união do negro e do branco não faz o cinza. O negro é o negro e o branco continua branco. A transcendência é a transcendência e a matéria é a matéria. Não se trata de misturá-las. Trata-se de colocá-las em relação. E neste aspecto chegamos muito perto de uma visão quântica da existência, na qual a realidade da matéria é, ao mesmo tempo, partícula e onda, mas não podemos ver as duas simultaneamente. Ou vemos a partícula ou vemos a onda. Entretanto, uma não existe sem a outra.

Eu creio que uma espiritualidade não dualista pode ser simbolizada pelo número 3, que é o número da unidade diferenciada. É muito importante saber contar até três... O número 1 simboliza a unidade, a unidade indiferenciada, a unidade do filho com sua mãe, a unidade da mistura e da fusão. É preciso entrar na experiência do 2, da dualidade, do dual. Mas este não é o fim do caminho. O objetivo é atingir o 3, aquele que integra ao mesmo tempo a dualidade e a unidade e que eu chamo de unidade diferenciada.

Para sermos mais concretos, como já falamos anteriormente, na relação de duas pessoas que se amam, há aquele momento de unidade, de fusão amorosa e depois, com o tempo, a diferença se revela. Esta diferença pode chegar a um conflito, a uma separação. Algumas vezes, após a separação, procura-se alguém para estabelecer uma nova fusão e tudo recomeça, em alguns casos, muito frequentemente. Pode, entretanto, ocorrer a passagem para o nível 3, onde cada um se aceita em suas diferenças – ocorre a Aliança. A Aliança é a unidade do amor, é a unidade da liberdade.

É fácil dizer. Quanto a viver, o que nós conhecemos, na maioria dos casos, é a fusão ou a separação. É a oposição ou a mistura. Raramente conhecemos a Aliança.

Num processo psicanalítico há, também, este momento importante de estabelecer o elo. O momento da transferência. É preciso aceitar esta transferência, refazendo o laço que faltou à pessoa. Mas a segunda etapa é desfazer o nó, sair da transferência e devolver ao outro a sua liberdade e a sua autonomia, para que a Aliança se torne possível.

Na religião, na espiritualidade, nós encontramos também estas três etapas. O número *1* é o momento das experiências numinosas, do êxtase, da admiração, e não dura muito tempo. De repente, tem-se a impressão de estar abandonado. Faz-se a experiência do deserto, de que Deus está longe. Existe, porém, um momento na espiritualidade em que não temos mais medo dos momentos de fusão ou de êxtase como também não temos medo do deserto e do silêncio. Porque a fusão, o êxtase, o deserto e o silêncio, todos fazem parte do caminho espiritual. É este o momento em que Deus se torna mais divino. Nós saímos do nosso antropomorfismo e entramos na espiritualidade da Aliança. "Quer eu te sinta, quer eu não te sinta, tu És. Eu estou contigo e tu estás comigo".

14. O perdão, tal como foi abordado anteriormente, existe para quem ofende ou, também, para quem foi ofendido?

Esta é uma pergunta muito interessante. É a mesma questão da esmola. Será que a esmola é boa somente para aqueles a quem damos ou é boa, também, para nós que a damos? Para os Antigos, a esmola é boa para a pessoa que recebe e dela necessita, mas este exercício é pedido para a abertura do coração e para a generosidade da pessoa que doa.

A pessoa que diz "obrigado" não é aquela que recebe o presente, mas a que dá o presente. "Eu te agradeço por me dares a oportunidade de ser generoso".

Para o perdão trata-se, evidentemente, de libertar-se a si mesmo do rancor e da raiva. É por isso que o perdão é para a pessoa que nos ofendeu e para a pessoa a quem nós ofendemos. O perdão é um poder alquímico, porque enquanto houver em nós rancor e amargura, a energia da vida não pode circular. É por isto que dizemos no Pai-nosso: perdoai-nos como nós perdoamos. Como se a comunicação do dom divino dependesse da abertura do nosso coração. Se o nosso coração está fechado, se existe rancor, se não há perdão, a vida não pode circular em nós. É por isto que o perdão é não aprisionar o outro na consequência dos seus atos, é ser lúcido.

Talvez não seja preciso perdoar tão facilmente. É preciso reclamar justiça. Quando alguém nos faz mal, é preciso dizer-lhe. Há uma exigência de justiça. Mas ao mesmo tempo não se fecha o outro na consequência negativa dos seus atos. "Você mentiu mas você não é, sempre, um mentiroso". Ou: "Você cometeu um crime, mas você não é, sempre, um criminoso".

Algumas vezes é muito constrangedor quando se vai a uma prisão e se encontra um criminoso que é um bom pai de família, uma pessoa muito amorosa. Como reconhecer o ato nefasto e não identificar a pessoa com este ato?

É a mesma coisa em psicologia. Como não aprisionar a pessoa em seus sintomas? Por exemplo, uma pessoa com sintomas de paranoia, com sintomas de delírio. Como observar seus sintomas e parar de dizer que ela é paranoica? Porque a rotulagem vai fechar a pessoa em seus sintomas. Como substituir a doença, no interior de um processo de vir a ser, de tornar-se? Em lugar de dizer tal pessoa é paranoica, dizer que esta pessoa tem momentos de paranoia.

Eu acho que esta atitude não é somente um jogo de palavras, e vai mudar muita coisa. Porque alguns doentes, para agradarem ao seu médico, querem corresponder aos sintomas da doença para a qual ele foi rotulado. Algumas vezes vamos ao médico e saímos de lá com uma doença que não tínhamos antes. Como o médico fez o seu diagnóstico, nosso corpo vai se crer obrigado a corresponder a essa programação. E por isso a palavra é importante.

É como a questão que foi colocada a propósito dos Terapeutas. O diagnóstico pode ser uma maldição ou pode ser uma bênção. Pode ser um maldizer, que fecha a pessoa em seus sintomas ou uma palavra boa, um *benedicere,* um bendizer, que vai permitir à pessoa suportar os seus sintomas sem se identificar com eles. Eu tenho um câncer, mas eu não sou, somente, um canceroso. Eu sou uma pessoa que, com esta doença, através deste sofrimento, pode fazer deles um estado de consciência.

Portanto o perdão é um modo de olhar o outro com lucidez, sem aprisioná-lo no que ele fez. É uma maneira de ser lúcido em si mesmo, sem se envenenar com o ódio e o rancor. Você tem razão quando diz que o perdão é para a pessoa que nos ofendeu e para nós que fomos ofendidos.

15. Sobre a lei do carma, de causa e efeito. A pessoa que me fez mal nesta vida está condenada a receber o mesmo mal em uma vida futura? Como estas coisas se anulam quando procuramos chegar a um estado de consciência?

É aí que reside o poder do perdão – ele tem o poder de transformar o carma do outro. Eu penso, por exemplo, no criminoso que estava na cruz, ao lado de Cristo. Cristo não lhe disse: "Vai ser preciso que você assuma a consequência dos seus atos e renasça em uma nova vida, para expiar os crimes que você cometeu nesta vida". Ele disse: "Hoje mesmo você estará comigo no paraíso". Isto é, hoje mesmo você partilhará comigo a consciência do Ser.

O perdão é como fogo, transforma as ações nefastas. Nós encontramos este ensinamento no budismo. A força da compaixão. Por um único ato de bondade, por um único ato de gratuidade, um único ato de generosidade, nos diz o Dhammapada, apagam-se milhares de consequências nefastas de atos negativos anteriores.

Então há este encadeamento de causa e efeito – é a lei do *Sansara* –, mas há também, no interior desta lei, uma abertura, uma possibilidade, através da compaixão, do perdão e do amor, de transmutar este carma e ficar livre dele.

Há também um outro meio que encontramos no Bhagavad Gītā – a maneira de praticar a ação sem procurar retorno, sem medo do fracasso e sem desejo de sucesso. Voltamos à nossa escada do desejo e do medo. Se somos capazes de realizar uma ação da melhor maneira possível, com toda a nossa atenção e toda a nossa consciência, sem medo do fracasso ou de não conseguir, sem desejo do sucesso, a tradição do Bhagavad Gītā nos diz que esta ação não gera carma, mas gera a liberdade. É um caminho para a libertação.

Assim existe a lei e existe o além da lei. Em todas as tradições encontramos esta exigência de rigor e esta abertura à misericórdia.

Mas, novamente, eu lhes digo que é preciso manter os dois juntos, porque a lei, a justiça e a verdade sem amor fizeram a Inquisição. E o amor, a misericórdia sem a justiça e sem o rigor podem levar a uma espécie de permissividade que não conduz a nada.

Tratemos, então, de nos voltarmos à face interior em que temos de nos transformar, onde se mantêm juntas a severidade, a ternura, a misericórdia e a justiça.

16. *Fale um pouco mais sobre o simbolismo do número 3 – a ressurreição de Jesus ao terceiro dia, a trindade etc. E também sobre o número 40 – os quarenta dias de jejum. Isto pode estar em relação com a unidade e a dualidade, já explicadas?*

Vocês conhecem o simbolismo dos números, que varia segundo as tradições. Na tradição bíblica, a cifra *40* simboliza a plenitude, significa a maturidade. Quando dizem que os hebreus ficaram 40 anos no deserto, compreendemos que este número é simbólico. Simboliza todo o tempo necessário para atingir a maturidade e para entrar na Terra Prometida. A Terra Prometida não é, simplesmente, um lugar no espaço-tempo, mas é, em nós, o lugar de união com o Ser.

Na tradição de Mestre Eckhart, como em Jung, é em torno de 40 anos que somos capazes de entrar em um caminho místico. Mas nem todos têm 40 anos nesta idade. Alguns com 60 anos ainda não atingiram a maturidade. E alguns, muito jovens, já a atingiram. Portanto o número 40 significa esta maturidade.

O número *4* simboliza a Terra, o quadrado. Em Jung, para atingir o centro, para atingir a quintessência, é preciso integrar a quaternidade: razão, sensações, sentimentos, intuição.

Portanto os números *4* e *40* simbolizam a integração, seja em nível pessoal, seja em nível coletivo. Esta é uma condição de chegarmos ao *5*. O número 5 tem uma correspondência com o número *3*. O número *3* é uma ultrapassagem da dualidade assim como o número *5* é a ultrapassagem da quaternidade. É o apelo da transcendência que não é somente uma realização humana, porque é através da realização humana que o homem vai além do humano.

17. *Tenho uma dúvida acerca da energia da bondade. Por que uma criança é acometida de meningite enquanto que, do outro lado, uma mulher grávida faz um aborto, porque não*

quer a sua criança? O que é a bondade? (N.T.: A pessoa que fez a pergunta está se referindo a um caso concreto. Durante os dias do Seminário, uma criança chamada Mateus, da escolinha Casa do Sol, situada na Cidade da Paz, foi hospitalizada com meningite e veio a falecer. Sua mãe tinha feito conosco os outros seminários).

Você toca num ponto muito doloroso, principalmente porque eu não posso me impedir de pensar em Mateus, que nós fomos ver ontem no hospital e que está com meningite.

Eu já vi, no mesmo quarto de hospital, uma mulher que ia ser operada para conseguir chegar ao final de sua gravidez, ao lado de outra mulher que vinha para retirar o seu bebê. Quando entrei no quarto, pensei que as duas mulheres iam se confrontar e gritar contra aquela injustiça: "Eu vim para guardar o meu filho e você veio para abortar o seu". Eu me dei conta que estas duas mulheres eram mais inteligentes do que eu pensava. Elas poderiam se julgar e se desprezar, mas cada uma dizia o que era essencial.

Voltamos, então, sobre o que dizíamos há pouco, estas duas mulheres não se mentiam, cada uma era sincera na situação em que estava vivendo. Eu percebi que o que chamamos de "o mal", é o mal para quem? Porque o que é mal em determinada situação, pode ser um bem em outra situação. Então, estamos realmente diante do mistério do mal. E não devemos ter pressa em dizer: é isto que é preciso fazer, isto é bom ou aquilo é mal.

Um outro exemplo. Quando eu me encontrava na Índia, vi uma mulher a ponto de cair desmaiada, porque tinha fome. Eu corri até ela para lhe dar uma banana que eu tinha em minha sacola. O amigo que estava a meu lado, um iogue, segurou-me pela manga e me disse: "Não, não faça isso. É ruim o que você faz, você está impedindo a esta mulher de viver o seu carma". Eu respondi a este amigo: "Talvez você tenha razão. Mas se eu não lhe der esta fruta, vou produzir um mau carma em mim".

Vocês percebem que a questão não é fácil? Porque, em sua visão do mundo, o meu amigo era muito sincero e em minha visão do mundo, eu estava sendo muito sincero.

Portanto há estas situações em nossas vidas, onde a nossa razão se desequilibra. Momentos em que não sabemos. Vale mais dizer que não sabemos fazer um julgamento rápido. É melhor escutar com o coração e agir, de tal maneira, que não se acrescente mais sofrimento ao mundo. E quando for possível, levar uma ajuda. Mesmo sabendo que o resultado da nossa ação não nos pertence.

É isto o que a sua pergunta evoca em mim. Mas não é uma resposta.

18. A respeito da humanidade de Deus. Você disse: "Só Deus é humano". Eu gostaria de saber a conotação de humano, no sentido em que você falou.

É preciso que nós nos entendamos sobre a realidade que se coloca na palavra Deus e a realidade que se coloca na palavra Homem.

Quando eu dizia "Só Deus é humano, eu queria dizer que, quando o homem está completamente aberto, sem criar obstáculos à vida através de suas memórias e seus medos, a vida pode se encarnar nele.

A Terra e o Universo são a manifestação do Ser. O Homem e a manifestação do Ser. E um dos ensinamentos do Cristo é aprender a reconhecer a manifestação do Ser, não apenas no esplendor da criação, no esplendor das flores, do sol e da lua, mas reconhecer a presença do Ser em um rosto humano. Não apenas em um rosto humano que é belo e agradável ao olhar. Mas reconhecer, também, a presença de Deus, a presença do Ser, a presença do Sopro, na respiração ofegante de uma pessoa doente. Reconhecer a presença do Ser na máscara dolorosa ou odiosa de um ser humano. Reconhecer um olhar que percebe as coisas em sua transparência, onde o humano e o divino não estão separados.

Neste momento, por exemplo, onde começa o seu sopro humano e onde termina o Sopro de Deus?

Mostre-me sua vida separada da Vida. É possível experienciar a sua vida quando ela está separada da Vida? É por isso que Cristo podia dizer: "O Pai e Eu somos um". A fonte e o rio não estão separados. Quando se olha o rio, quando se vê a manifestação, vê-se também a fonte, mesmo que esta fonte permaneça invisível.

É neste sentido que eu dizia que o homem e Deus não estão separados. É preciso acrescentar também que eles não são confundíveis. O rio não é a fonte. O que o rio me mostra, não é a fonte toda. O que o homem me mostra, não é todo o mistério de Deus, mas é uma manifestação dentre outras. O próprio Deus, como a fonte, permanece inacessível. Entretanto, eu não posso negar sua existência, sua manifestação.

19. Como é que eu posso identificar o meu respeito ao espaço e ao mundo do outro, quando eu estou indiferente ao outro e ao seu mundo?

O respeito não é a indiferença, jamais! O respeito é uma forma muito nobre do amor. E, muitas vezes, em nossos amores falta o respeito. É muito bonito quando dois seres vivem uma relação muito íntima e com muito respeito, um em relação ao outro.

A distância é o que permite a melhor visão. A distância não é o que nos separa. Eu creio que o respeito é muito bonito e não é indiferença. A indiferença é a secura do coração. É uma distância que é separação. Não é uma distância que é Aliança.

20. Tenho muito interesse em conhecer o sentido da morte clínica dentro da psicologia transpessoal.

Quais são os sinais clínicos da morte? Estes sinais têm evoluído através das civilizações, de acordo com o desenvolvimento da ciência. Hoje se diz que alguém está morto, em morte clínica, quando o Eletroencefalograma (EEG) é plano (N.T.: sem ondas de atividade cerebral). Quando antes podia ser pela parada cardíaca, ou pela parada respiratória vista como a ausência da respiração, a ausência de embaçamento, num espelho. No entanto, conhecemos determinadas pessoas que foram declaradas clinicamente mortas e que continuam vivas. Se vocês quiserem, eu mesmo posso lhes servir de exemplo. – *Eu também. Eu pesquisei muito, obtive muitas respostas, como, por exemplo, a de alucinações por efeito de medicamentos, porque eu tive uma experiência mística. E é neste sentido que eu gostaria de saber.*

Aqui nós entramos no domínio da psicologia transpessoal. Os médicos dos hospitais que eu conheço dirão que se trata de um efeito medicamentoso, um tipo de alucinação, e uma vez que estamos vivos é porque nunca estivemos realmente mortos. Entretanto, tivemos a constatação de um EEG plano, o que é um dado objetivo, diríamos, até científico. Há cientistas que não querem saber e outros cientistas que pesquisam e se perguntam sobre o critério da morte.

Um ensinamento que podemos tirar é que não se devem enterrar as pessoas muito rapidamente. Hoje, por questões econômicas, pelo alto custo de um leito hospitalar, enviam-se as pessoas ditas "mortas" muito rapidamente às funerárias. E o testemunho dos agentes funerários é de que muitas pessoas são enterradas vivas. É importante redescobrir o tempo de três dias, o tempo que os Antigos esperavam para enterrar os seus mortos, os três dias na baleia (como veem, voltamos sempre ao mesmo assunto). Porque neste momento de morte aparente pode-se, efetivamente, despertar para um outro tipo de vida.

Elizabeth Kübler-Ross diz que a morte é a passagem de uma frequência para outra. De um certo comprimento de onda, que chamamos nosso espaço-tempo, para um outro comprimento de onda, que alguns não querem conhecer porque seus receptores não captam estas ondas, mas que, para outros, é uma realidade importante.

Creio que estamos num campo de pesquisas muito interessante para a psicologia transpessoal, uma área que até agora não foi bem estudada a não ser pelas religiões e tradições espirituais, pelas ciências ocultas, e que deveria ser estudada de um ponto de vista universitário, pelo mundo médico. Mas acho que estamos começando.

21. Gostaria de ter sua opinião sobre os transplantes, em que o doador está com um EEG plano, mas em seus órgãos a vida ainda circula.

É interessante porque eu tenho um amigo, um velho monge, que sofreu um transplante de coração, sendo o doador um jovem adulto. Nós conversamos muito sobre isto e ele me dizia: É curioso, mas às vezes eu me sinto habitado por sentimentos e impulsos que não são próprios de um velho monge, da minha idade e do meu estado monacal.

Este é um exemplo que nos lembra que o órgão transplantado tem também "sentimentos"; algumas vezes ele se põe de acordo com a pessoa e algumas vezes em desacordo. Neste último caso produzem-se os fenômenos clínicos que denominamos "rejeição". Eu gostaria de conhecer a legislação brasileira sobre o assunto.

No Brasil pede-se às pessoas que querem doar seus órgãos, que se registrem em local predeterminado para este fim. Elas recebem uma carteira de doador de órgãos, que no DF chama-se "Vale Vida".

Eu quero acrescentar que não é só o órgão doado que pode ser rejeitado pelo organismo do receptor. O órgão pode, também, rejeitar o receptor destruindo todo o seu organismo, numa reação chamada de "enxerto & hospedeiro" e que é mortal.

O segundo fato que eu queria colocar é que eu tenho uma paciente na qual foi feito um transplante de rim. O rim não funcionou e dois dias após os médicos pensavam em retirá-lo. A paciente pediu para ficar sozinha e conversou longamente com o seu novo rim – contando de sua vida e da importância daquele transplante para ela e seu filho pequenino. Algumas horas depois, sua bexiga estava cheia e, a partir deste dia, nunca mais o rim parou de funcionar.

Eu lhe agradeço pelo seu testemunho, porque ele nos lembra que delicadeza e que respeito se deve ter em relação ao corpo humano, quando não mais o consideramos como estando vivo. Porque a atitude de alguns médicos, quando eles transplantam órgãos, fazem-me pensar em atitudes de roubo e de violação. Não têm esta relação de respeito, esta relação humana para com a vida que está inscrita nas células daquele órgão.

A legislação brasileira é melhor que a francesa. Na França, a carteira que nós temos é a que nos é dada se não quisermos doar nossos órgãos.

22. Fale um pouco sobre a eutanásia.

Se nós estamos perto de alguém que sofre, desejamos que ele se liberte do sofrimento. E, ao mesmo tempo, este sofrimento lhe pertence, nós não temos nenhum direito sobre ele. É então que se coloca a questão da eutanásia.

Há a eutanásia ativa e a passiva. A eutanásia ativa é um termo ruim, porque é, simplesmente, não permitir que a pessoa morra de um modo natural, é querer que, a todo preço, a vida se perpetue.

Eu penso na morte de Franco. Ele estava considerado como morto, mas o fizeram "durar" por mais de três meses, apenas com as reações vitais. Esta não era mais a vida de um ser humano, mas a vida de um ser vegetal. Eu não acredito que seja uma atitude boa a de fazer "durar", a qualquer preço, uma vida que está feita para morrer. Portanto, de uma certa maneira, chegando a um momento de sofrimento em que a morte é considerada como inevitável, temos que aprender a respeitar este momento e não colocarmos obstáculos à morte.

Mas para um médico existe o pressuposto antropológico que, enquanto há vida, há esperança. Num outro contexto se dirá que enquanto há vida, há ilusão.

Cada um tem uma imagem do homem. E é de acordo com a nossa imagem do homem que nós acompanhamos os moribundos. Por isso a "insistência terapêutica" não é compreensível senão num mundo onde a única vida que existe é a vida espaçotemporal. Num outro contexto, perpetuar esta vida a qualquer preço, é uma falta de lucidez e uma falta de coragem. Em vez de querer perpetuar a vida, deve-se preparar a pessoa para entrar em outra dimensão.

Neste sentido, eu fico muito interessado pelo chamado "tratamento paliativo". Em certos hospitais, acalma-se a dor do paciente, utilizam-se certas drogas que permitem a ele uma morte serena. Não se impede a pessoa de morrer, não se quer a sua morte, mas se permite que ela sofra menos, para que ela possa olhar de frente para si mesma. Talvez este caminho seja uma solução que satisfaça aos médicos, que lutam contra o sofrimento a fim de que permitam a morte se realizar. A morte, como diz Kübler-Ross, é a última etapa do crescimento da vida. Mas na prática da "insistência terapêutica" há, frequentemente, pela parte dos médicos, uma recusa à condição mortal do homem. É o que Freud chama de "ferida narcisista", onde eles veem que o seu poder tem limites.

A eutanásia ativa, onde podemos falar, simplesmente, de suicídio, é também uma escolha, uma possibilidade do ser humano. Eu fiquei muito chocado com o suicídio de duas pessoas, das quais eu gostava muito: Bruno Bettelheim, o grande psicólogo, e Monterlain, um escritor francês.

Bettelheim disse à sua filha e aos seus amigos: "No dia em que eu perder a memória, no dia em que eu começar a caducar, neste dia, eu devo me matar. Porque, a partir deste dia eu não me considero mais um ser humano". Vocês sabem como ele se suicidou. Tomando um certo número de medicamentos estudados para este fim, vários medicamentos misturados, e colocando um saco plástico na cabeça, para asfixiá-lo. Estas técnicas são propostas em algumas associações para ajudarem as pessoas a porem um fim em suas vidas quando não se consideram mais dignas de viver. No caso de Bettelheim, eu fico um pouco admirado porque ele expressa uma maneira de identificar o homem pela sua inteligência e pela sua razão. E eu creio que se pode perder a cabeça, perder a memória e, entretanto, ter um bom coração, ser ainda capaz de relação e de afeição para com o seu ambiente. Portanto cada um tem uma imagem própria de sua humanidade. E tem toda a liberdade de deixá-la. Mas não somos obrigados a aprovar esse ato.

Com Monterlain, no dia em que ele não teve mais ereção, ele decidiu que não era mais digno de ser um homem. Em seguida, se suicidou. Neste caso, também, não somos obrigados a concordar. Não é por não ter mais ereção que não se seja capaz de amar, de entrar em relação com o outro.

Eu lhes dou estes exemplos porque cada um se identifica ou identifica o homem por um elemento do composto humano. Pode-se identificar o homem pelo seu corpo, por uma parte do seu corpo, e passar ao largo da plenitude do ser humano.

E, diante da morte, é a morte de quê? É a morte de quem? Assim, em certas tradições, a eutanásia ativa o suicídio, pode ser considerado como um ato religioso, como uma maneira de deixar o mundo dos limites e atingir o mundo do infinito.

Na tradição judaico-cristã se dirá que não cabe a nós escolher o momento. E enquanto estamos neste espaço-tempo, enquanto estivermos vivendo em nosso corpo, há alguma coisa a realizar até o fim. A vida pertence a Deus. É ele quem a dá e é ele quem a tira. A grandeza do homem é aderir a este dom, é aderir a este momento em que a vida nos é tomada.

Então eu penso nas palavras de Jó, que dizia: "Deus deu, Deus tirou, Deus seja bendito". Estamos, neste caso, numa atitude transpessoal e o Ego não é o Senhor da Vida. Ele pode acolher, ele pode rejeitar, mas não cabe a ele decidir.

23. Reencarnação.

Existe uma visão horizontal, na qual nós vamos passando de um corpo para outro num eterno retorno do Eu. Existe uma visão diagonal em que se evolui através de cada reencarnação, onde a finalidade é a libertação, ou, como dizem os hindus, a finalidade é a saída do Sansara. A finalidade é parar de reencarnar.

E temos a visão vertical. Na tradição do hinduísmo, faz-se a distinção entre aquele que está de retorno a este mundo para evoluir, e aquele que nasceu de novo e que entra nesta vida já desperto. Dizemos que o indivíduo, neste caso, é duas vezes nascido. Ele nasceu para a sua dimensão de eternidade.

No budismo fala-se da passagem de uma vida à outra, mas fala-se também daqueles que despertaram nesta vida e entraram no Nirvana, no mundo do não nascido, não feito, não criado. Vocês se lembram das palavras do Buda: "Se não houvesse em nós um não nascido, não feito, não criado, não haveria saída para o que é nascido, feito e criado". E o Buda dizia que alguns instantes de verdadeira meditação podem apagar todo o nosso carma e fazer que entremos no mundo do ser desperto, no mundo do não tempo e do não espaço. Esta é a tradição oriental.

É interessante observar que o tema da ressurreição não se encontra somente no mundo judaico-cristão, e faz-se uma diferença entre ressurreição e reencarnação. Alguns pensadores orientais dirão que a reencarnação é uma crença popular, que é compreensível para a nossa mente habitual, porque é uma lei de causa e efeito. Tal causa desencadeia tal efeito. Tal vida gera uma tal outra vida. Tanto para a evolução, quanto para a regressão, existe uma causalidade.

Ao lado desta lei de causa e efeito há o mundo do ser desperto, o mundo da ressurreição, ou seja, a abertura da nossa consciência para uma liberdade interior. No budismo se dirá que o mundo da reencarnação pertence ao mundo da verdade relativa e o mundo do despertar pertence ao mundo da verdade absoluta.

No cristianismo não se fala muito em reencarnação. Fala-se mais da via vertical, mas tem-se a mesma dificuldade em compreender que não se possa passar de um estado material, limitado, a um estado ilimitado. É por isso que se fala de etapas como o purgatório, que quer dizer a purgação, a limpeza. Na visão da reencarnação, a purificação se faz na horizontal ou na diagonal e, no cristianismo, ela se faz na vertical.

Entretanto, a finalidade, tanto num caso, como no outro, é a libertação. É o despertar. É *Ágape*, ou seja, o amor incondicional, o amor criador, o Nirvana, o estado além do desejo e do medo.

Para voltar à sua questão, os Terapeutas de Alexandria dirão que a reencarnação situa-se no nível psíquico. Enquanto o psiquismo tiver memória, ele tem necessidade de informar o nosso corpo, para esgotar suas memórias. Mas, se ele desperta ao mundo do *Pneuma,* não tem mais necessidade de se reencarnar. Esta também é a visão de Orígenes, Padre da Igreja, o qual lembra que a finalidade do cristianismo é a ressurreição. E que aqueles que não podem ressuscitar desta vida, que não podem conhecer o estado incondicionado, que não podem despertar para o mundo do *Pneuma,* para o mundo do espírito, a misericórdia divina permite que eles voltem para que possam viver esta ressurreição. Esta abordagem de Orígenes e de Fílon de Alexandria foi rejeitada por alguns.

No cristianismo de hoje, alguns consideram a crença na reencarnação como uma heresia. Pessoalmente, eu acredito que a explicação da reencarnação pode ser muito útil num dado momento de nossa existência, porque nos torna responsáveis por nossos atos. Aquilo que você faz terá consequências, senão nesta vida, numa outra. Esta é uma visão que reclama justiça.

Mas ao lado desta explicação, num dado momento de nossa existência, fazemos a experiência de alguma coisa em nós que escapa à lei de causa e efeito. Uma coisa silenciosa, que não está no tempo, e aí, então, entramos no mundo da ressurreição. O que é mais importante para nós é o despertar para esta dimensão de ressurreição. Porque, neste caso, você se preocupa menos com a reencarnação. Esta é a abordagem dos Terapeutas de Alexandria.

Para Krishnamurti, René Guénon e Shânkara, o mundo da reencarnação é o mundo da ilusão. É esta vida ilusória que nós queremos perpetuar numa outra vida. É estar, ainda, num estado de espírito limitado. Para Krishnamurti o problema da reencarnação se coloca enquanto ainda estamos apegados às nossas memó-

116

rias. É estarmos apegados às memórias deste espaço-tempo e desejarmos prolongá-las em outro espaço-tempo. É querer prolongar o mundo do conhecido.

Vocês conhecem o livro de Krishnamurti que se chama "Libertar-se do conhecido". Libertar-se do conhecido é libertar-se de nossas memórias. Quando estamos sem memórias, quando estamos neste estado de inocência do qual ele nos fala, neste estado de silêncio interior, estamos no mundo do Nirvana, no mundo da ressurreição. É por isto que Krishnamurti reagiu, em determinado momento de sua existência, aos seus amigos teosóficos que queriam fazer dele uma reencarnação. E ele dizia: "Isto não me interessa, pois isto é ser um pacote de memórias. Não, apenas, ser um pacote de memórias da minha própria existência, mas carregar o pacote de memórias da minha vida anterior. E é deste pacote de memórias que eu quero me libertar. Eu quero encontrar a inocência do ressuscitado, a inocência do incondicionado".

Eu acho o ensinamento de Krishnamurti muito exigente. Ele relativiza nossas crenças e nossas representações sobre a reencarnação. Não se trata de condená-la e sim de ver sua relatividade. E, segundo o nosso nível de consciência, esta explicação pode, ou não, ter importância. É apenas uma explicação, relacionada ao mundo mental do intelecto. É ainda o mundo das memórias. É ainda o mundo do Ego.

24. Sobre mediunidade e missão.

Quando você não pode fazer outra coisa, é porque é aquilo que tem de ser feito. Neste caso, é preciso aceitar, mesmo se isso cria problemas ao seu meio. Aceitar de cumprir essa missão, senão vamos gerar doenças em nós.

O que se pode desejar a esses curandeiros, a esses grandes médiuns, é que eles encontrem pessoas que os compreendam, que os respeitem. E respeitá-los não é fazer deles ídolos nem desprezá-los. Eu creio, em relação a estas pessoas que vivem estados não ordinários de consciência, que eles estão sempre rodeados por pessoas que os idolatram e, também, por pessoas que os desprezam. Poucas pessoas os respeitam.

É preciso que os acolhamos como pessoas humanas e como pessoas que encarnam uma qualidade divina, como, por exemplo, uma qualidade de cura. Eu creio que podemos ajudá-los muito, nestes momentos, tratando-os com respeito e amizade, pois isto vai-lhes permitir integrar os seus dons, como dons normais a eles próprios. O divino se tornará neles algo natural, normal. E, então, eles poderão fazer mais bem aos outros.

25. Sobre João Batista como reencarnação de Elias.

"Uns dizem que ele é Elias". E aqueles que creem na reencarnação dirão que ele é Elias reencarnado. Aqueles que não acreditam na reencarnação dirão que não é Elias reencarnado, mas que o espírito de Elias se manifestou nele.

Aqui ficamos bem próximos do que falou o Dalai Lama sobre suas reencarnações anteriores – que é o espírito de compaixão que está em seus predecessores, que seus predecessores encarnavam, que ele próprio deve manifestar. Assim pode-se dizer que o Dalai Lama reencarna, que ele remanifesta, o espírito de compaixão dos demais Dalai Lamas que o precederam. Esta explicação foi-me dada pelo próprio Dalai Lama. E, para me confundir ainda mais, ele me disse uma vez: "Olhe um franciscano, um grande franciscano. Deveria ele ser a reencarnação de São Francisco?"

Leonardo Boff, em certo momento de sua vida, em seu amor pela terra e pelos pobres, pode, para alguns, ser considerado a reencarnação de São Francisco de Assis. Ele encarna nesta vida a qualidade da beleza, da alegria e de serviço que São Francisco possuía. Mas o Dalai Lama continua me dizendo: "Cada cristão deveria ser a reencarnação do Cristo. Cada cristão deveria encarnar a luz que estava em Cristo, o amor que estava em Cristo e a paixão que estava em Cristo. Ou então, não são cristãos".

Este é um bom tema para reflexão. Nós poderíamos dizer que na Bíblia alguns personagens manifestam a mesma qualidade dos personagens que os precederam. E, particularmente João Batista, que encarna o fogo e a exigência do Profeta Elias, que viveu muitos séculos antes dele.

26. O momento em que soubemos da morte de Mateus.

Eu queria que vocês sentissem, neste momento, o mistério da vida na morte e da morte na vida. Ontem à noite falávamos deste menininho, Mateus, que estava num hospital, com meningite.

Acabamos de saber que Mateus não está mais conosco neste espaço-tempo.

Eu lhes peço um pequeno momento de silêncio, um momento de amor e de compaixão por seus pais.

Vocês sabem que a morte de uma criança é a coisa mais incompreensível que existe. Então, sem procurarmos dar explicações, estejamos com a alma desta criança, estejamos com a Luz que ela acaba de encontrar, a fim de que esta Luz incompreensível acalme o coração de seus pais. E que eles possam fazer desta provação uma etapa na direção desta mesma Luz que a sua criança contempla agora.

Com o coração, com o nosso silêncio, vamos estar com ele e com eles.

27. Uma das missões da psicologia transpessoal é ensinar-nos a nadar e evitar o afogamento. Eu penso, como vocês,

que a vida é um rio. Algumas vezes, nossa vida é um rio congelado, onde a água não corre mais. Esta é uma maneira de lermos o Livro de Jonas.

Jonas, em alguns momentos de sua existência, congela o rio de sua vida. Congelado, o amor não circula mais.

É por isto que temos necessidade de estarmos juntos, que temos necessidade de amigos em nosso caminho espiritual. É para que eles aproximem do nosso rio congelado a chama de sua afeição. Para que o rio da vida possa de novo correr através de nós.

Daí a importância, para os terapeutas, de trabalharem com a sua inteligência, de cavarem um leito para o rio, de construírem uma estrutura onde o rio fique contido, como num vaso. É este vaso que vai permitir que o seu conteúdo se doe e ajude o outro a se estruturar e a se doar. Mas ele deve também trabalhar com o seu coração para que o rio congelado possa se dissolver e para que o amor possa, de novo, livremente circular.

28. *"Todos são chamados, mas poucos respondem". Esta é uma palavra do Evangelho.*

O sol brilha sobre o ouro e sobre o lixo. Quando o sol brilha sobre o ouro, o ouro lhe devolve o seu brilho. Quando o sol brilha sobre o lixo, o lixo não lhe devolve nada. Assim se pode dizer que o dom da Graça é dado a cada Ser. Mas a questão é fazer brilhar aquilo que nos foi dado.

Desta maneira, a preocupação a propósito da reencarnação, ou sobre a vida depois da morte, torna-se menos importante. Porque a questão não é apenas o que eu serei após a minha morte, mas o que eu serei antes de morrer. Aqui nós encontramos o ensinamento do Buda. O Buda dizia: "Se você quer conhecer sua vida anterior, olhe o que você é agora, porque o que você é agora é o resultado de todo o seu passado. Se você quiser conhecer sua vida futura, olhe o que você é agora e trabalhe sobre o momento presente, porque o momento presente é a causa do que você será". E ele dizia: "Não se preocupe com o que está atrás, não se preocupe com o que está à frente, mas trabalhe sobre o momento presente".

Este ensinamento do Buda é muito próximo do ensinamento do Cristo, quando o Cristo diz no Evangelho: "Não se voltem para trás, não se preocupem com o amanhã, pois a cada dia basta o seu fardo". O que depende de nós não é o passado. O passado é o passado.

Esta é uma coisa difícil de compreender – o passado é o passado. Nós nem sempre vivemos o luto do nosso passado. Por isto o passado é, algumas vezes, muito presente, e nos impede de saborearmos o presente.

Por outro lado, às vezes, estamos muito preocupados com o futuro, com o que vai nos acontecer, com as dificuldades que encontraremos e, assim, nossa energia fica dispersa entre o passado e o futuro. E precisamos desta energia para enfrentarmos o momento presente.

Eu fico muito feliz ao ver uma concordância entre o ensinamento de Cristo e o ensinamento do Buda. Porque o importante é o momento presente. Nós só podemos amar o presente. Seu eu digo a alguém: "Eu te amei", quer dizer que não o amo mais. Se eu digo a alguém: "Eu te amarei, se você se tornar mais inteligente, mais sensível", é porque eu não o amo ainda. O amor é a faculdade de viver o presente. De viver, com atenção e respeito, cada instante do presente. Esta é uma missão, é uma tarefa, um trabalho, que não está reservado somente aos sábios e aos profetas. É o exercício da nossa vida quotidiana.

29. Num caminho de evolução, é importante permitir à pessoa que regrida. Eu não sei se há entre vocês alguém que

pratique a regressão. Estas técnicas que, através da respiração, nos permitem reencontrar os traumatismos do nascimento.

A regressão pode nos permitir encontrar um "nó", um bloqueio, que impede a evolução. Mas a finalidade é a evolução.

Algumas vezes, em nossas vidas, nos sentimos regredir. Nós voltamos a situações já conhecidas. Nós ficamos num mecanismo de repetição a fim de tomarmos consciência que, enquanto não aceitarmos este acontecimento da nossa vida, não conseguiremos ir mais longe.

Na nossa vida podemos conhecer momentos de retorno, momentos de regressão. É um peso de memória que nos retém. Não há por que ter medo, se somos capazes de fazer disso uma ocasião de ultrapassagem. Então, a evolução continua o seu curso.

Mas como eu lhes dizia antes, a vida não é somente uma doença mortal, sexualmente transmissível. A vida é um exercício evolutivo, espiritualmente transmissível. E nós temos que, uns e outros, espiritualmente, amigavelmente, fazer deste exercício de nossas vidas um instrumento de nossa evolução.

30. Qual é a função da dor? Será que se tem que sofrer para evoluir? Acho que encontramos frequentemente esta questão neste seminário.

O sofrimento faz parte da nossa existência e não é preciso aumentá-lo. Eu não digo que é preciso sofrer para evoluir. Não é preciso. Pode-se evoluir também através da alegria, através da felicidade. Pode-se evoluir através de um belo amor e nos esquecemos de dizer a que ponto o prazer, a felicidade, a alegria, são também instrumentos para nossa evolução.

O perfume da rosa é um instrumento para o despertar. Também o espinho da rosa. É por isso que, quando o sofrimento chega, podemos também nos servir dele como elemento de evolução.

Eu não creio que se tenha que procurar o sofrimento por ele mesmo. Isto é masoquismo e é patologia. E, de qualquer modo, a vida não nos economiza sofrimento. Mas não temos que idolatrá-lo, assim como também não temos que idolatrar o prazer. Todos os dois são instrumentos necessários à nossa evolução.

***

Cada um sabe quais são os seus próprios medos. E mais profundo que todos os nossos medos, é preciso encontrar esta confiança fundamental, esta confiança original, esta confiança no Sopro que nos respira e, por alguns instantes, prová-lo, saboreá-lo, deixar que ele nos lave e nos purifique.

Estar presente n'Aquele que está presente.
Habitar no seu silêncio...

MASCULINO, FEMININO E SÍNTESE
Ressonâncias Arquetípicas

Introdução

Neste Seminário, proponho a vocês estudar um certo número de arquétipos masculinos e femininos, em seu caminho em direção ao *Self*, em seu caminho de transformação. Transformação da *Psyche* masculina e feminina, o seu encontro com o *Logos*, o *Logos* que é a informação criadora.

Falaremos da Samaritana, de Madalena e Maria, de Judas e Pedro, repetindo, mais uma vez, que cada um destes personagens são partes de nós mesmos, um caminho em direção à Síntese. Esta Síntese que os Antigos reconheceram na pessoa de Ieshua (Jesus).

Ieshua não é simplesmente um personagem do passado histórico, na perspectiva dos antigos Terapeutas, mas é também um arquétipo em cada um de nós, que faz a síntese entre o masculino e o feminino, entre o finito e infinito, entre o eterno e o temporal, entre o homem e o divino. O nosso psiquismo, seja masculino ou feminino, está sempre à procura desta síntese. Esta realidade que já se encontra em nós, mas que ainda não realizamos em plena consciência.

Arquétipos femininos

A Samaritana

Nosso tema será o da *Água Viva* e falaremos sobre a *Samaritana,* esta terra humana que tinha sede. Esta mulher do desejo que buscava o apaziguamento do seu coração e de sua inteligência. Vocês sentirão que a Samaritana não é somente uma personagem do passado mas é um estado de consciência, é uma imagem estruturante, é um arquétipo que está em cada um de nós. Vejamos, então, a Samaritana e o seu caminho, a metamorfose de sua vida, a metamorfose do seu desejo.

O texto evangélico

O texto, no Evangelho, está muito bem construído e é todo um caminho de iniciação ao qual Jesus a conduziu para que ela tomasse consciência do seu desejo. Este texto é do Evangelho de São João e a tradução que eu lhes proponho é a que eu fiz a partir do texto em grego. Lembro a vocês que existiam textos hebraicos e gregos. É por isso que o nome de Jesus, por exemplo, é respeitado e mantido em seu nome de Ieshua.

Ieshua chega em uma cidade da Samaria chamada Sicar. Lá se encontra o poço de Jacó. E Ieshua, cansado do caminho que andara, senta-se à borda do poço. Era mais ou menos a 6ª hora.

Chega uma mulher de Samaria. Ela busca água. E Ieshua lhe diz: "Dá-me de beber!" A Samaritana lhe responde: "Como tu, que és um judeu, pedes de beber a mim, que sou uma samaritana?" (Pois os judeus não se comunicavam com os samaritanos). Ieshua lhe diz:

> *Eu te ofereci o dom de Deus, que é Aquele que diz: Dá-me de beber! Se conhecesses este dom, tu é que me pedirias e não terias mais sede porque eu te daria a Água Viva!*

A mulher lhe respondeu: "Rabi, tu não tens com que tirar a água e o poço é profundo. Como é que vais fazer para nos dar esta água viva? Tu és maior que o nosso Pai Jacó, que nos deu este poço, do qual ele mesmo bebeu com os seus filhos e seus animais?" E Ieshua lhe responde:

> *Quem bebe desta água terá sede de novo, mas aquele que bebe da água que eu lhe darei, não mais terá sede. A água que eu lhe darei se transformará nele numa fonte, num jorro de vida eterna!*

A mulher diz: "Dá-me desta água para que eu não tenha mais sede e não tenha que vir aqui para tirar água do poço". Ieshua então lhe diz: "Vai buscar o teu marido e volta aqui". "Eu não tenho marido", responde a mulher. Ieshua lhe retru-ca: "Tu tens razão do dizer que não tens marido. Tu tiveste cinco e este que está contigo, não é teu marido". A mulher lhe diz: "Rabi, vejo que és um vidente. Nossos pais adoraram sobre esta montanha e vós nos dizeis que é em Jerusalém que é necessário adorar". E Ieshua responde:

> *Mulher, crê em mim. Dia virá em que não será nem sobre esta montanha, nem em Jerusalém que vós adorareis o Pai. Vós adorais quem não conheceis. Nós adoramos Aquele que conhecemos, porque a salvação vem dos judeus. É chegada a hora, e nós estamos nela, em que os verdadeiros adoradores adorarão ao Pai no espírito e na verdade, no Sopro e na vigilância. Porque são estes adoradores que o Pai procura. Deus é Sopro e é no Sopro e na vigilância que nós O adoraremos.*

A mulher lhe diz: "Eu sei que quando o Messias chegar nos explicará tudo". Ieshua responde: "Sou Eu. Sou Eu que te falo. Eu Sou Aquele que É".

Seus discípulos chegam e estão surpresos de vê-lo falando com uma mulher. Ninguém lhe pergunta: "O que é que tu dizes a ela?" A mulher deixa ali o seu cântaro e corre para a cidade dizendo: "Acabo de encontrar um homem que me disse tudo o que eu sou. Não será ele o Messias que nós esperamos?"

As etapas do caminho

Neste texto do Evangelho, segundo os Terapeutas de Alexandria, cada uma das etapas no caminho da samaritana é uma etapa no caminho de nosso desejo.

Nossa pergunta, neste momento, é a mesma pergunta da samaritana: O que é que pode, verdadeiramente, acalmar nosso desejo? De que, realmente, temos sede? O que é este cântaro de onde pode jorrar a Água Viva?

Notem, inicialmente, que Jesus fala à samaritana e, para um judeu, os samaritanos eram hereges. Isto quer dizer que a Palavra criadora não se dirige a nós somente quando somos perfeitos. A samaritana é uma mulher que é excluída, que é excomungada, porque se relaciona com deuses pagãos. E é interessante ver que Ieshua escolhe uma mulher como esta para ensinar a prece mais profunda. Talvez porque os seus ouvidos não estejam fechados pela certeza de ter razão, pela certeza de ser a melhor, pela certeza de possuir a Verdade.

A samaritana, conquanto imagem da *Psyche,* não tem a verdade mas ela a busca. E ela se deixa levar por este homem que vem se sentar à borda do poço.

É a sexta hora, o meio-dia. Hora em que não há sombra. É a hora da lucidez, em que é possível ver-se a si mesmo numa luz mais límpida.

Jesus aproxima-se dela. Vocês notaram que ele não diz: "Eu venho te trazer a Verdade". Mas ele vem reunir-se a ela em seu desejo. Ele vem reunir-se a ela em sua sede. E ele pede: *"Dá-me de beber!"* Os Antigos diziam que ele era uma fonte que tinha sede de ser bebida.

Temos, então, um primeiro ensinamento sobre um caminho iniciático: não somos nós que procuramos Deus, que procuramos a verdade. É Deus, é a verdade que nos procuram. É a Vida que nos procura. É a vida que busca dar-se a nós, através de nós. Através do poço que somos. Vocês sabem que o poço é o símbolo do coração. Coração profundo no qual é preciso mergulhar, do qual é preciso tirar a água, procurar a fonte do nosso ser.

Assim, no nosso caminho e num primeiro tempo, é preciso deixar-se reunir ao desconhecido no caminho que nos convida a tirar a água do fundo do nosso poço. O poço é, também, a imagem do conhecimento. Na França, nós dizemos dos grandes sábios que eles são poços de ciência. Trata-se de ir a este poço.

Mas a samaritana tem uma reação de recuo. *"Como tu, que és um judeu, pedes de beber a mim, uma samaritana?"* Como é que tu, que pertences à classe dos eleitos, falas a mim, uma excluída? Em sentido mais profundo: Como é que tu, que és um ser infinito, te diriges a mim, que sou finita e limitada? Encontramos aqui o Complexo de Jonas, do qual falamos anteriormente: "O que me dizes é muito grande, é muito belo para mim."

Então a samaritana se senta. Isto significa dar um tempo a esta fonte que jorra em nós. "Dá-me água!", quer dizer dê-me tempo, dê-me espaço. Tome o espaço-tempo necessário para descer neste poço que você é. Se você conhecesse o dom de Deus! Se nós conhecêssemos o dom do Ser em nós mesmos, se nós soubéssemos receber a vida como um dom e não como uma dívida!

Um espírito de riqueza, um espírito que crê que tudo lhe é devido, um espírito que está aberto, é alguém que recebe todas as coisas como um dom. Tudo é para ele um presente. Se você soubesse o dom que é esta vida, que é este Sopro que o atravessa, que é esta inteligência que o habita, que é esta capacidade de amar que você pode viver, você ficaria surpreso com o que você é. Se você conhecesse o dom de Deus! Seria você que pediria a beber e Ele lhe teria dado a Água Viva!

Aí, então, Jesus começa a falar em símbolos e nós sabemos muito bem que a samaritana não compreende estes símbolos. Ela tem seus pés na terra e a Água Viva, para ela, é a água do seu poço, onde ela virá a cada dia retirar a água, carregá-la e levá-la à cidade.

Ela pergunta-lhe: *"Quem és tu para me dares a água viva? Será que tu és maior que nosso Pai Jacó?"* Ela se lembra do milagre que foi feito neste poço, quando Jacó fez subir a água até suas bordas. Portanto ela espera uma espécie de milagre, alguma coisa extraordinária. Jesus lhe responde: *"Aquele que bebe desta água, terá sede de novo"*. Ocorre, então, uma transformação do desejo. Jesus a faz compreender que a água que ela busca não pode acalmar a sua sede.

O primeiro nível no qual a mulher samaritana busca apaziguar o seu desejo é o da água material. São as riquezas e as posses materiais. Num primeiro tempo do nosso caminho, nosso psiquismo pode pensar que ele estará em paz se possuir um certo número de riquezas, um certo número de posses, uma certa quantidade de prazer. Nós observamos bem o que se passa, nós notamos que, quanto mais possuímos, mais desejamos possuir. Mais nós bebemos desta água, mais temos sede. Mesmo se, por um momento, nossa sede se acalmou.

Nestas observações sobre o funcionamento do nosso desejo, vemos que os objetos do desejo, em lugar de acalmá-lo, de preenchê-lo, não fazem senão aprofundá-lo cada vez mais. E Jesus tenta iniciar, no psiquismo da samaritana, alguma coisa mais, uma outra água que possa apaziguar o seu desejo: *"Aquele que bebe da água que eu lhe darei, não terá mais sede"*.

Isto é possível? É possível conhecer uma felicidade que não é dependente dos objetos de felicidade?

A maior parte do tempo nós somos felizes por causa de nossa saúde, por causa de uma posse. Nossa felicidade depende de uma realidade externa. Então, temos que convidar o nosso psiquismo e a nossa libido a conhecer uma felicidade não dependente. Não dependente das circunstâncias, não dependente dos acontecimentos. Uma felicidade que seja uma fonte no interior de nós mesmos. E mesmo se os acontecimentos externos são nefastos, muito difíceis, podemos sempre provar desta fonte.

Nós todos conhecemos algumas pessoas, das quais dizemos que têm tudo para serem felizes, mas não são. E nós conhecemos também pessoas que não têm nada para serem felizes, nenhum destes objetos com os quais identificamos a felicidade e, no entanto, testemunham uma paz interior. Nós já encontramos estes dois tipos de pessoas.

Mas a samaritana não compreende. E Jesus vai tentar com que ela entre neste desejo, pedindo-lhe que vá buscar seu marido. Porque, talvez, nós não encontremos a felicidade nas riquezas materiais, mas possamos procurá-la nas riquezas afetivas, na riqueza das relações.

Literalmente, ele pergunta a ela: "Com quem tu estás casada hoje?" Isto é: com quem buscas esta unidade? Com quem teu psiquismo busca o apaziguamento do teu desejo? E a mulher responde: *"Eu não tenho marido"*. Quer dizer que, neste momento, eu não conheço esta unidade. Eu não conheço esta paz do meu desejo. Eu não estou no estado de união e de paz.

E Jesus lhe diz: "*Tu tens razão de dizer que não tens marido*". Tu és honesta, tu és lúcida. Tu não conheces esta paz, esta unidade. "*Tu tiveste cinco maridos e o sexto, com quem estás agora, não é teu marido.*"

Inicialmente é preciso notar a bela energia desta mulher. A força do seu desejo. Porque ela não renuncia ao amor uma, duas, três, quatro, cinco vezes. Tenho muita admiração por ela, porque ela não se desespera de encontrar o amor. Entretanto, com o seu sexto marido, ela não o encontrou ainda.

Os Antigos se interrogavam muito sobre estes cinco maridos. Eles pensavam que talvez fossem as cinco nações que oprimiram Israel. E a sexta nação, dos romanos da época, não seriam ainda aqueles que dariam a paz a Israel.

Mais profundamente, os cinco maridos poderiam representar os nossos cinco sentidos e o sexto marido seria o sexto sentido. O que Jesus quer que a samaritana compreenda, o que o *Logos* quer que o psiquismo compreenda, é que nós não podemos nos unir à realidade profunda somente com os nossos cinco sentidos e nem mesmo com o sexto sentido.

Os métodos científicos, os resultados científicos que procuram se unir ao real, que buscam conhecer a realidade tal qual ela é, que procuram se casar com esta realidade, não conseguem apaziguá-la. O real é sempre maior do que o que se pode agarrar. Nós conhecemos bem isto em física contemporânea. Nós dizemos que o que conhecemos da realidade não é a realidade, mas uma certa percepção dela.

A samaritana é esta imagem do nosso psiquismo, esta imagem do nosso desejo que busca o apaziguamento, que busca a felicidade.

Numa primeira etapa eu lhes demonstrei que a paz do desejo não está somente em uma realidade material, na posse da realidade afetiva ou na posse da realidade científica.

Neste momento, então, a samaritana vai passar ao nível da religião, e é o que acontece, algumas vezes, entre nós. Quando não estamos felizes ao nível material, quando não estamos felizes ao nível afetivo, alguns de nós procuram consolo na religião. Vão buscar o apaziguamento de seus desejos na realidade religiosa.

A samaritana faz uma pergunta, uma pergunta que, às vezes, pode ser a nossa: Onde está a verdadeira religião? Está sobre a montanha? Está em Jerusalém? Qual é a maneira certa de entrar em relação com o Absoluto?

Novamente, o psiquismo tem este desejo de possuir a verdade. Possuir a verdade não somente em sua dimensão material e afetiva, mas também em sua dimensão religiosa. E o ensinamento de Jesus neste nível é sempre o mesmo: Como libertar nosso psiquismo da idolatria? Como tornar nosso desejo livre dos objetos do desejo, sejam eles materiais, afetivos ou religiosos?

Porque talvez seja uma ilusão pensar que a religião vai apaziguar o nosso desejo. Talvez aqui também se tenha uma decepção. Vocês sabem, nós nos decepcionamos na medida das nossas expectativas. Nós pedimos muito às coisas. Nós pedimos muito às pessoas. E talvez esta samaritana pedisse muito aos homens, como um homem pode pedir muito a uma mulher. Quer dizer, pedir o infinito do qual o nosso coração tem sede. Mas não se pode pedir o infinito a uma realidade finita. Não se pode pedir a perfeição, a perfeição do amor, do conhecimento, a um ser imperfeito. Da mesma maneira, não se pode pedir o infinito a uma representação deste infinito.

É por isto que a palavra de Jesus antigamente e a palavra do *Logos* hoje são importantes para nós. *"Não é nem sobre esta monta-*

nha nem em *Jerusalém que é preciso adorar o Pai*". Nem nesta igreja, nem nesta outra. Nem nesta religião, nem nesta outra. Esta é uma palavra muito forte e que talvez tenhamos dificuldade de escutar. Porque nós gostaríamos que a verdade estivesse numa igreja, que a verdade estivesse nesta ou naquela religião. E, por outro lado, é o que dizem geralmente os religiosos: A verdade está em nós. A heresia está nos outros.

"Mulher, crê em mim. A hora chega e nós já estamos nela. Não é nem sobre esta montanha nem em Jerusalém que devemos adorar o Pai. Os verdadeiros adoradores adorarão o Pai no espírito e na verdade."

Antes de tudo, o que é um adorador? No sentido antigo do termo, é alguém que orienta seu desejo para a fonte de todo Ser. E habita, numa relação de surpresa, na fonte do seu Ser. Para aqueles que querem conhecer a fonte do seu ser, Ieshua propõe um exercício. Normalmente se traduz: *"Os adoradores adorarão o Pai, no espírito e na verdade."* Se você lê o texto em grego, poderá traduzi-lo, literalmente, como orar ao Sopro (ao *Pneuma*). Entrar na consciência do nosso Sopro. Porque aí entramos na consciência do nosso Sopro e seremos como um fio que sobe até a fonte.

Portanto, se queremos conhecer a fonte do nosso ser, o Pai daquilo que nós somos, aquele que gera o mundo, nós temos que escutar este Sopro. Em grego: "Sair deste sono." É um estado de alerta, de vigilância. É por isto que se pode traduzir a palavra do Cristo: *"Eu sou a Verdade"*, por "Eu estou alerta, desperto". Então a Verdade não é alguma coisa que se tem, é um estado de alerta, de vigilância.

O que Ieshua pede à samaritana, se ela quiser conhecer a fonte do seu ser, é de estar atenta ao Sopro, é ficar vigilante. A importância não está sobre esta montanha ou em Jerusalém, nesta religião ou naquela. O importante é estarmos conscientes no Sopro que nos habita e estarmos vigilantes, estarmos despertos. Se nós estamos vigilantes e despertos, em consciência com o nosso Sopro, então poderemos ir à prática da religião que quisermos, nas representações e imagens que nos convierem. Mas, neste momento, não idolatraremos mais estas imagens, não estaremos mais na representação relativa do Absoluto.

Assim, no ensinamento de Jesus, a cada momento nós reabrimos nosso desejo além dos objetos do desejo. Porque nós podemos fazer do próprio Deus um objeto, uma objetivação.

Ieshua conduz a samaritana, pouco a pouco, em direção ao *"Eu Sou Aquele que É"*. Porque neste momento a mulher está bastante inquieta. O que Ieshua está dizendo não é um ensinamento para hoje. Atualmente não temos ainda necessidade de religião. Este ensinamento não é para agora, mas para o dia em que o Messias vier. E ocorre uma reação que podemos conhecer em nós mesmos. Estas palavras tão simples e tão fortes, que relativizam todas as religiões, nós poderíamos colocá-las no final dos tempos, quando o Messias virá.

Ieshua lhe diz: *"Eu, Eu Sou"*. Eu lembro que este "Eu Sou", na tradução do grego, é: "O Grande Eu Sou revelou-se a Moisés". E quando Ieshua diz: "Antes que Abraão fosse, Eu Sou", é neste momento que vão começar a persegui-lo, para matá-lo. Porque é inaceitável que uma boca humana se aproprie do nome divino desta maneira.

Todas estas questões, todos estes meandros do desejo, tinham por finalidade fazer compreender à samaritana que o que ela busca, aquilo que o seu desejo procura, é este "Eu Sou" que ela pode encontrar no fundo do seu Sopro, no coração mesmo da sua vigilância.

Agora ela pode deixar lá o seu cântaro, este cântaro que simboliza todo nosso conhecimento adquirido. Ela não tem mais necessidade de cântaro porque ela leva a fonte. Ela não tem mais necessidade de pedir apaziguamento às coisas externas, quer sejam coisas materiais, afetivas ou religiosas, porque ela é a sua própria fonte.

E é a partir daí que ela pode se voltar para os outros. Quando nós fazemos a experiência deste "Eu Sou", quando fazemos a experiência desta fonte de Água Viva, podemos nos voltar para as realidades materiais, porque então seremos livres em relação a elas. Estando livres, não pediremos mais nada ao Absoluto.

Quando fazemos a experiência do "Eu Sou", podemos retornar às nossas relações afetivas, mas nós seremos livres em relação a elas. Não pediremos mais a um homem, não pediremos mais a uma mulher, o apaziguamento do nosso desejo.

É quando nós fazemos a experiência do "Eu Sou", no Sopro e na vigilância, que podemos adorar o Pai, quer seja em Jerusalém ou sobre a montanha, nesta ou naquela religião e então seremos livres em relação a estas religiões.

Neste texto da samaritana descreve-se o itinerário de um desejo em direção à libertação dos objetos do desejo, para descobrir o "sujeito" do desejo.

Resumo das etapas

No caminho da samaritana distinguimos dez etapas:

A *primeira etapa* é caminhar para o poço. Quer dizer despertar, em si mesmo, o desejo do conhecimento.

A *segunda etapa* é sentar-se à borda do poço. É ficar à escuta, numa postura silenciosa. É dar tempo ao tempo; dar tempo à eternidade, dar a beber; dar, do seu espaço-tempo, a esta Presença que despertou em nós.

A *terceira etapa* é descer ao fundo do poço. É descer à profundidade do nosso inconsciente. Ir ao fundo da nossa sede, do nosso desejo. Responder ao apelo daquele que está nesta profundeza.

E então chegamos à *quarta etapa* – descobrir o dom de Deus. Descobrir que o fundo do ser é um dom. Sem esse dom nós não poderíamos existir, o mundo não poderia existir e de qualquer forma não existiria. E então não existiria nada – lembremos a lei da entropia.

Esta é uma etapa importante, porque se trata de aceitar ser amado. Não é tão simples aceitar isto. Aceitar sermos amados pelo Ser que somos. Aceitar sermos amados pela vida, porque estamos vivos, mesmo se esta vida é difícil. Descobrir o dom de Deus.

Na *quinta etapa* descobrimos que este dom não vem preencher nossas carências, nossas necessidades, nossos desejos habituais. *"Aquele que bebe desta água ainda terá sede."* Trata-se, então, de despertar para outra sede. Despertar para o desejo de uma felicidade que não se acaba. Uma felicidade que não é dependente das circunstâncias. Um conhecimento e uma paz que persistem.

Despertar em nós este desejo da Água Viva. Não água engarrafada, não água de cisterna, porque a água mais pura se esgotará sempre. E se ela não estiver ligada à fonte, ela vai se deteriorar. Então, é bem a sede de uma Água Viva.

Vamos à *sexta etapa,* que é buscar seu marido e se descobrir não casada. Quer dizer, buscar o modo através do qual pensamos encontrar a unidade e descobrirmos que isto não nos basta. E assim, relativizar a ciência, a afeição que podemos ter em relação aos seres, porque eles não nos podem dar o Absoluto.

A *sétima etapa* é tornar-se livre em relação à religião. Sempre respeitando a nossa, porque, vocês notaram, Jesus diz que a salvação vem pelos judeus. O universal nos é comunicado através do particular. Encontramos aqui um ensino do pensamento holístico: trata-se de trabalhar localmente, com um pensamento global.

O universal manifesta-se através do particular. Através de uma nação particular, através de pessoas particulares, através de acontecimentos particulares. Mas não se trata de idolatrar esses acontecimentos. Não se trata de idolatrar essas pessoas.

Chegamos à *oitava etapa*, vivermos na consciência do sopro. É orar e respirar. E cuidar da memória do Ser em nós, através do Sopro.

Na *nona etapa* descobrimos que o Messias, o Mestre interno, o Mestre do nosso Sopro e da nossa vida, o único "Eu Sou" que não é uma máscara e uma ilusão, o "Eu Sou" puro e vivo, sem qualificativas e sem qualificações, o simplesmente "Eu Sou", habita em nós, em nossa profundeza. E é nele que encontramos a nossa identidade verdadeira, nosso Ser de eternidade, a paz do nosso desejo e a transparência do nosso psiquismo.

Então, na *décima etapa,* nós podemos testemunhar ao mundo sua presença, sem cântaros, além dos conhecimentos adquiridos. E transmitir assim, a cada um, o desejo e a pergunta, que os colocarão no caminho de sua própria fonte. Ele espera no fundo do próprio poço de cada um.

Assim, podemos desejar a todos este longo caminho de transformação, esta metamorfose do seu desejo, conhecer a Paz e o sabor que a samaritana conheceu.

Ainda uma vez, a samaritana não é apenas um ser histórico. É um arquétipo. E o caminho desta mulher é o caminho da nossa *Psyche* em direção ao *Logos.* É o caminho do nosso pequeno "Eu Sou", com a multidão dos seus desejos, com a multidão de suas sedes, na busca de sua própria fonte.

Maria Madalena

Introdução

Já vimos nossa relação com a samaritana, o caminho da *Psyche* para o *Logos*, o caminho do Eu ao Self, que passa através de uma transformação do desejo. A passagem do "objeto" do desejo para o "sujeito" do desejo. As transformações de nosso apego às realidades materiais, afetivas ou religiosas, a fim de nos tornarmos livres em relação a elas para amá-las no seu devido lugar. Não renunciar a todas estas realidades e também não idolatrá-las.

Não pedir o todo à parte, não pedir o infinito a um ser humano finito. Mas saber que a parte, a realidade material, a realidade afetiva ou a realidade religiosa estão ligadas à Totalidade. Isso passa pela experiência do Sopro, porque o Sopro é o que nós temos de mais pessoal, de mais íntimo e, ao mesmo tempo, é o que nos une aos outros e o que nos une ao Universo. Porque é o mesmo Sopro que respira numa planta, que canta num pássaro, que toma consciência dele mesmo, no outro.

Mas, por que Jesus, na história, ama as mulheres? Por que, hoje em dia, é através do feminino que nós podemos encontrar a dimensão espiritual? Este é um aspecto sobre o qual ainda não insistimos. Que no Evangelho, se Jesus revela os mistérios maiores às mulheres, isto quer dizer, simbolicamente, que a revelação do *Logos* em cada um de nós passa através de uma reconciliação com o nosso feminino, quer seja no homem quer seja na mulher.

Esta reconciliação é o que podemos chamar de nosso cérebro direito, nossa visão intuitiva, nossa visão global. Nós vivemos, no Ocidente, num mundo muito masculino, um mundo de poluição, um mundo tecnológico e perdemos esta dimensão contemplativa do nosso ser. E se quisermos reencontrar o segredo do ser, temos que reencontrar, em nós mesmos, esta dimensão contemplativa. Esta dimensão feminina do nosso ser. O *Logos*, a informação criadora, fala à *Psyche* que escuta e que é a fonte de uma verdadeira Água Viva, atenta ao dom da vida, ao dom de Deus em cada um de nós e em todas as coisas.

Caminharemos agora com uma outra mulher do desejo – Maria Madalena. Ela é uma mulher muito rica. Existem muitas mulheres nesta mulher, da mais carnal à mais mística.

A mulher de desejos desorientados

Ela é uma mulher que quer tudo. O homem e Deus. Não somente o homem, o homem só não lhe basta; não somente Deus, Deus só não lhe basta. Porque ela está na terra, está em seu corpo. Ela quer os dois. Ela quer a Síntese.

E assim Maria Madalena, em cada um de nós, é este desejo de Síntese. Este espírito da não dualidade entre a matéria e o espírito, entre a vida carnal e a vida espiritual. Ela não conhecerá a Paz enquanto não encontrar esta Síntese, seja em seu exterior, seja em seu interior. Então, vamos seguir o caminho de Maria Madalena. E vamos reconhecer algumas qualidades da dimensão feminina em cada um de nós.

Há, porém, algumas dificuldades porque, num primeiro momento, Maria Madalena é considerada como o arquétipo da pecadora, uma mulher com desejos desorientados. Um psiquismo que não distingue qual é o "sujeito" do seu desejo.

Na época de Jesus, o que era uma pecadora? Atualmente, uma pecadora é uma mulher que leva uma vida de prostituição. Na época de Jesus não era somente isto. Uma pecadora podia ser também uma mulher que buscava o conhecimento. Porque as mulheres não tinham acesso à leitura da Torá. Vocês se lembram do filme com Barbra Streisand chamado "Yantl", o qual conta a história de uma mulher que quer estudar e é obrigada a se fantasiar de homem para ter acesso à sala de estudos. Na época de Jesus, Maria Madalena podia ser, também, uma mulher à procura de conhecimento, mas que era considerada de forma suspeita no mundo dos fariseus e dos doutores da lei.

Lembrem-se que o pecado, no tempo de Jesus, seria antes de tudo a desorientação do desejo. *Hamartia,* termo grego que nós traduzimos pela palavra pecado, quer dizer *mirar o alvo* mas não acertá-lo, caindo a flecha ao lado. Estar em estado de pecado quer dizer visar o lado do alvo. É perder o seu eixo, perder a sua orientação. Numa primeira etapa e, neste sentido, Maria Madalena pode ser considerada uma pecadora, isto é, o seu desejo é desorientado. Ela não sabe o que quer.

Esta atitude pode nos parecer familiar porque nós nos perguntamos, frequentemente, o que queremos realmente. Qual é o nosso desejo mais profundo? Como voltar da multidão dos nossos desejos e reencontrar nosso desejo essencial? Vocês devem se lembrar da definição de saúde no mundo psicanalítico, que é manter-se o mais próximo possível do seu mais profundo desejo. Do desejo mais essencial. A questão é saber o que desejamos mais essencialmente.

É como se Maria Madalena explodisse na multidão dos seus desejos. Talvez como a samaritana que procurou uma, duas, três e talvez muito mais vezes, o apaziguamento do seu coração, o apaziguamento dos seus desejos.

Eu penso, também, noutra imagem que nós temos de Maria Madalena na qual ela é representada como possuída por sete demônios. Para os Antigos, alguns destes demônios são a cólera, o ciúme, o desespero, a inveja, todas essas emoções que em certos momentos nos possuem. Não somos mais os mesmos. E somos possuídos por um estado de consciência particular.

Podemos precisar o demônio, de maneira igual àquela que se escuta, na pergunta de Jesus a um destes demônios: *"Qual é o teu nome?"* E ele responde: *"Eu sou Legião"*. Eu sou multidão. Trata-se de sentir, em nós, esta legião de personagens que nós somos. Esta legião de papéis na qual, muitas vezes, nos perdemos. Assim Maria Madalena representa um ser do desejo, um desejo desorientado, um desejo que não encontrou o seu oriente, um desejo explosivo.

Este estado é de sofrimento. Ter tantos desejos em nós mesmos e não sabermos o que verdadeiramente desejamos, não encontrarmos aquilo que verdadeiramente desejamos e estarmos insatisfeitos com aquilo que encontramos.

Corremos o risco de acusarmos os outros de serem a causa de nossa insatisfação. "É sua culpa, se eu não sou feliz!" Funciona assim, frequentemente. Nós tornamos os outros responsáveis pela falta de plenitude que nós temos em nós mesmos. Nós tornamos os outros responsáveis pela nossa infelicidade.

Maria Madalena segue no seu caminho de volta a ela mesma. Como a samaritana, ela vai ter que descobrir que a Paz não está no objeto do seu desejo, na multidão dos seus desejos, mas no "sujeito" do seu desejo.

E isto vai ocorrer através do encontro com Jesus. Porque, então, ela encontra alguém que é diferente. Uma pessoa que a olha com amor, sem querer possuí-la. Ela não está mais numa relação de objeto e de posse. O fato de encontrar um outro "sujeito" vai despertar nela o "sujeito". Ela vai deixar de ser o objeto de prazer do outro, o objeto de desejo do outro e vai deixar de fazer do outro o objeto do seu desejo.

Vocês conhecem a passagem em que Maria Madalena encontra Jesus na casa de Simão. Ela chega com seu vaso de perfume, entorna-o sobre os pés de Jesus e derrama, também, muitas lágrimas. Isto significa que o vaso de perfume não é somente um vaso exterior, mas é também o vaso do seu próprio coração que transborda. Ela enxuga os pés de Jesus com os seus cabelos. Esta é uma passagem muito carnal, muito erótica. Sobretudo porque se sabe que, na Bíblia, os pés são um símbolo para a sexualidade.

Este gesto de Maria Madalena vai ser retomado por Jesus quando ele enxugará os pés dos seus discípulos. Pois os pés são, também, um símbolo da criança. E existem práticas terapêuticas, atualmente, nas quais, quando se cuida dos pés de alguém, é o seu corpo inteiro que é tocado e, particularmente, as memórias da primeira infância. Portanto, há todo este simbolismo, dos cabelos, dos pés, das lágrimas, do perfume, a aprofundar.

Nós conhecemos a reação de Simão, que vai representar a dimensão masculina do ser humano. A dimensão racional que fica chocada com esta atitude. Poder-se-ia dizer que é o cérebro direito que não é compreendido pelo cérebro esquerdo. Há um conflito entre os dois. E Jesus, como o corpo caloso do cérebro, é aquele que faz a união entre os dois. Ele vai tentar que Simão compreenda o que esta mulher está fazendo. E vai tentar ensiná-lo a não julgá-la, a não condená-la.

Assim, Jesus reconhece o desejo desta mulher. Ele não tem medo de ser tocado por ela, porque ele vê o que mora no fundo do seu coração. E ele diz a Simão: *"Eu cheguei à tua casa e tu não me lavaste os pés. Esta mulher lavou os meus pés. Tu não me deste perfume e esta mulher me deu seu perfume."* O perfume que é o símbolo do dom mais profundo do ser, como o perfume da rosa é a essência da rosa. Fala-se frequentemente do perfume como a essência do Ser. E é a própria essência do seu ser que ela dá.

Ieshua lhe diz que seus pecados, seus numerosos pecados, lhes são perdoados. Porque ela demonstra muito amor, seus pecados são perdoados. E é interessante observar esta frase porque é o amor que perdoa. É o amor que purifica. Fazer as coisas sem amor é que é pecado. Se fazemos alguma coisa com amor, mesmo que possa parecer ambígua, julgada mal pelo meio em que vivemos, o amor a purifica, o amor a plenifica.

A este propósito penso numa estória de um grande sábio do Oriente, que se chamava Ramakrishna. Ele era um homem muito puro. E para um brâmane, o dinheiro é impuro. Durante a noite, enquanto ele dormia, colocaram em sua pele uma moeda de prata. Quando ele despertou pela manhã, havia em sua pele uma marca de queimadura. Uma outra vez, uma de suas discípulas se prostituiu durante a noite, para ter um pouco de dinheiro. Quando esta mulher passou diante dele, ele sentiu um súbito mal-estar e desmaiou. Eu me dizia que era estranha esta atitude porque ele era um homem de grande pureza.

No Evangelho, particularmente na passagem que acabamos de ler, Jesus não desmaia quando é tocado por Maria Madalena. Algumas vezes ele vai comer com os publicanos e pecadores, com pessoas amigas do dinheiro e parece não se sentir perturbado.

Eu digo para mim mesmo que há a pureza da água e a pureza do fogo. Se você joga alguma coisa suja na água, ela se turva. E se você joga ao fogo pranchas podres de madeira, realidades sujas, o fogo vai transformar esta sujeira em luz. Eu creio que se trata de passarmos da pureza da água para a pureza do fogo. Na nossa meditação, por exemplo. Se a nossa meditação é de água, ela se turvará com o barulho do ambiente. Porém se a nossa meditação é de fogo, o fogo vai transformar todo este barulho. É este barulho incômodo que vai nutrir a nossa meditação e aprofundá-la, em lugar de impedi-la.

É o que diz Ieshua neste Evangelho: é o fogo do amor que purifica. Não é, simplesmente, a água de uma boa consciência. E neste momento ele vai dizer a Maria Madalena: *"Tua fé e teu amor te salvaram. Vai em Paz!"*

Assim Maria Madalena, apesar da dispersão do seu desejo, estava em contato com o seu desejo mais profundo. E é este desejo essencial que, disperso na multidão de seus desejos, vai ser um meio de purificá-la e de salvá-la.

Portanto a questão não é de bem amar ou mal amar, porque sempre se ama mal. Nós nunca amamos da melhor maneira. Mas é sempre melhor amar mal que não amar. E é o que ele diz a Simão.

Maria Madalena encontrou alguém que a aceita totalmente, na loucura dos seus desejos. Talvez Simão fosse, atualmente, um psicanalista a dizer: esta mulher é uma histérica, uma doente. Um verdadeiro terapeuta não a olharia como histérica mas veria o profundo desejo de amor que existe dentro dela. E, através desse conhecimento, talvez ocorresse a cura da histeria.

Maria Madalena é, pois, o arquétipo da amante de desejos perturbados, em estado de alienação. Através do encontro com Ieshua, ela vai reencontrar sua liberdade e o apaziguamento do seu desejo. E alguma coisa nela vai se acomodar.

A contemplativa

Encontramos, então, o segundo arquétipo de Maria Madalena. Maria Madalena com capacidade contemplativa, sentada silenciosamente a escutar o *Logos*. Como testemunha desta etapa lembremos o episódio evangélico de Marta e Maria.

Maria está sentada aos pés de Jesus e, durante este tempo, Marta arruma a casa e prepara o almoço. Marta se irrita um pouco: "Vejo minha irmã sentada a teus pés enquanto eu trabalho". Podemos compreendê-la. Enquanto uma prepara a mesa para Jesus, a outra está lá, imóvel, sem nada fazer. Vocês conhecem a resposta de Jesus: *"Marta, Marta... tu te inquietas, tu te preocupas com muitas* coisas. Uma só coisa é necessária. Maria escolheu a melhor parte e esta melhor parte não lhe será tirada".

Se olharmos o texto mais de perto, nos damos conta de que Jesus não censura Marta por trabalhar. Ele não censura sua avaliação. O que ele censura é a sua inquietação, a sua preocupação. E este é, também, um grande ensinamento para nós. Porque algumas vezes tomamos por ações verdadeiras o nosso nervosismo, as nossas inquietações, as nossas preocupações. E, algumas vezes, é a preocupação que nos impede de agir. O que Jesus censura em Marta é, sobretudo, o seu estrabismo. Dois olhos, que olham cada um para uma direção.

"*Uma única coisa é necessária.*" Quando comparamos, passamos ao largo do único necessário. A comparação faz com que nós não percebamos o único necessário. A *"melhor parte"* não é somente a contemplação, é não ver Jesus. A melhor parte é olhar em direção a ele, é termos o desejo orientado para o Ser. E se nosso desejo é orientado para o Ser, nós podemos ter momentos de contemplação e momentos de ação. Não é necessário opor um ao outro.

Ser humano é ser capaz de ação e ser capaz de contemplação. Mas o único necessário nesta ação ou nesta contemplação, no trabalho ou no repouso, é amar o Ser. Assim não se trata de comparar, na vida, as ações de uns e de outros. O importante é que sejamos sinceros, que cada um de nós seja autêntico, porque cada um de nós tem a sua maneira particular de amar. Pode-se amar cozinhando ou pode-se amar rezando no segredo do seu quarto. Não se pode dizer que haja maior amor na oração do que cozinhar com um coração generoso.

Marta representa um lado de nós, que calcula, que mede e que compara. Trata-se de reencontrar Marta em união com Maria. Marta e Maria são como os dois olhos de um olhar. Os dois olhando em direção ao Único. Trata-se de unir em nós, Marta e Maria, a contemplação e a ação, o silêncio e a palavra. Orientando o desejo dos dois em direção ao Um. E não comparar. É uma passagem do Evangelho muito significativa para a nossa vida humana.

A intercessora

Maria Madalena é ainda um arquétipo do feminino na sua capacidade de interceder pelos doentes, pelos moribundos.

Percebam a progressão do caminho de Maria Madalena, o aprofundamento do seu desejo. Ela parte da multidão, ela se recentra, ela se torna capaz de contemplar silenciosamente a presença do Ser. E, nela, esta presença do Ser é compassiva. O fundo do seu ser é feito de compaixão.

Ela vai interceder aos pés de Jesus, no momento em que morre o seu irmão. Ela diz a Jesus: "*Se tu estivesses aqui, o meu irmão não estaria morto.*" Então ela chora. O texto evangélico nos diz que as lágrimas de Maria Madalena despertam as lágrimas em Jesus. E Jesus também chora por seu amigo Lázaro.

Aí ocorre uma experiência muito interessante. Há alguns lugares, em nós mesmos, que não existem enquanto o sofrimento não tiver penetrado. E há alguns lugares, em nós mesmos, que não existem enquanto o amor não tiver penetrado. E há lugares, também em nós mesmos, que não existem enquanto as lágrimas não tiverem penetrado.

É por isto que os Antigos Terapeutas diziam que o batismo na água não é suficiente. É preciso viver o batismo das lágrimas e o batismo das lágrimas quer dizer *estar mergulhado*. Em grego, a palavra *baptisomai* quer dizer mergulhar. Mergulhar não somente na água exterior, mas na água interior. Na dimensão líquida do nosso ser. Alguém disse que os santos têm um coração líquido, isto é, os santos não têm um coração de pedra, mas um coração líquido.

Desta maneira, Maria Madalena, através do símbolo das lágrimas, através da manifestação da Água Viva em si mesma, representa o mergulhar em sua profundeza, na profundidade da compaixão. E então ela é capaz de interceder pelos outros.

Algumas vezes nós já tivemos esta experiência. Diante de certas situações de sofrimento, sentimos em nós uma força misturada às nossas lágrimas. Um apelo que vai despertar o Ser em nós mesmos. É a maneira pela qual Maria Madalena vai despertar a compaixão de Jesus e desta compaixão ele vai buscar a força para ressuscitar o seu amigo Lázaro.

Assim a pacificação do desejo nos conduz à contemplação do Ser. O mergulho na profundidade do Ser desperta em nós a compaixão, nos torna capazes de força e de energia, não somente para nos ressuscitar, para nos levantar quando estamos caídos, mas também para levantar aqueles que estão caídos. Ou para libertar aqueles que estão aprisionados.

Esta é uma palavra de Jesus no Evangelho de Lázaro, a propósito das faixas que o envolviam. Estes apegos que nos impedem o caminhar, que nos impedem de continuar nosso caminho. Ele diz: *"Soltem-no, soltem-no. Tirem estas faixas e deixem-no ir!"*

A compaixão, pois, é uma força de intercessão unida à força de libertação. Reencontrar o outro, lá onde ele está aprisionado, a fim de libertá-lo, a fim de lembrar-lhe a sua dignidade e a fim de que ele possa se reerguer em sua grandeza, em seu desejo.

A intuição que profetiza

O quarto arquétipo de Maria Madalena é o feminino como intuição profética. Uma vez que despertamos em nós a contemplação e a compaixão, despertamos também em nós mesmos a visão não comum, os estados não ordinários de consciência, que nos permitem pressentir o futuro.

O Evangelho nos fala que Maria Madalena vai de novo tomar o seu perfume e, desta vez, vai derramá-lo, não sobre os pés, mas sobre a cabeça de Jesus. O texto nos diz que este perfume devia ser guardado para o momento de sua morte. Esta cena tem lugar pouco tempo antes da Paixão. Portanto, antes que todos os outros, Maria Madalena adivinhou o que ia se passar e, por seu gesto, nos diz Jesus, profetiza a sua morte. Há em nós esta capacidade de pressentir o futuro.

Vocês sentem que a atitude de Maria Madalena é muito feminina. Ela não sabe o que dizer e é através de gestos simbólicos que ela profetiza. Através de atos que são como símbolos. Ela tentará dizer aos outros, numa linguagem muito feminina, o que vai acontecer. Esta linguagem não é muito bem compreendida sobretudo por Judas, que vai censurar Jesus por deixar esta mulher agir assim. Porque com o dinheiro do perfume se teria dado de comer aos pobres.

Novamente há este conflito, na história como em nós mesmos, entre o espírito de generosidade sem cálculo e o espírito que calcula e que mede. Sem cessar, na história de Maria Madalena, se nota esta polaridade dos contrários. Maria Madalena e Simão, Maria Madalena e Marta, Maria Madalena e Judas. Este é o combate que se trava em nós mesmos, entre a razão e a intuição, entre a generosidade total e a medida, o cálculo.

As palavras de Judas não são más. A preocupação com os pobres não é uma coisa má. Mas Jesus lembra a ele que, naquele momento, não se trata de pensar no que virá depois e sim de viver plenamente a generosidade que habita em nosso coração.

Mas lá, também, como fizemos com Marta e Maria, temos que integrar em nós a sabedoria de Maria Madalena, a sabedoria do transbordamento da generosidade sem cálculo e, talvez, a sabedoria de Judas. Esta última situação é mais difícil de compreender, porque só mais tarde falaremos de Judas. Nós temos a tendência de jogar todo o mal sobre Judas. E, novamente, nós fazemos deste texto uma oposição entre a sombra e a luz. Uma oposição entre Judas e Maria Madalena.

Jesus não censura Judas por sua preocupação com os pobres. Ele o censura por não compreender que, em certos momentos de nossa vida, não podemos calcular. É preciso estarmos na doação e na generosidade total e, nesse momento, nos fazermos um com a generosidade criadora.

Neste momento teremos uma visão maior do mundo. Como se a abertura do coração despertasse a abertura da inteligência. Como se o vaso de perfume que está no coração fosse também um vaso de perfume na cabeça, com o odor do conhecimento, com o odor da profecia. Unindo a compaixão com o conhecimento.

Algumas vezes, entretanto, nós somos levados pela razão que calcula. Em vez de rejeitarmos isto, devemos colocá-lo em seu devido lugar.

Jesus diz: "*Há um tempo para se ocupar dos pobres, dos infelizes e há, também, um tempo para a doação, para a doação amorosa, para a felicidade. Há um tempo também para a contemplação e para a visão do futuro profundo da nossa humanidade*". Se nós pudéssemos integrar em nós a sabedoria de Maria Madalena e a sabedoria de Judas, nós teríamos sabedoria e, ao mesmo tempo, uma visão larga e profunda da vida, que é capaz de encarnar a nossa situação atual.

A acompanhante dos moribundos

Há ainda um quinto arquétipo: Maria Madalena como capacidade de acompanhar os agonizantes.

É uma realidade difícil. O que notamos nos hospitais é que as pessoas que estão ao lado dos agonizantes são, quase sempre, mulheres. Não falo dos médicos ou dos professores, mas daqueles que ficam ao lado e que são mulheres, em sua maioria. Da mesma maneira em que, no momento do nascimento está presente uma parteira, no momento da morte, está lá uma parteira.

Novamente, quando se fala de Maria Madalena mulher, fala-se do feminino que há em todo o seu ser. Por outro lado, há mulheres que têm muito medo de estar perto dos agonizantes. E essas são mulheres que não integraram em si mesmas uma certa dimensão do feminino. Esta dimensão de compaixão, de não medo diante do desconhecido, diante da vida e da morte.

Em torno de Jesus, quando ele está na cruz, aos pés da cruz há sobretudo mulheres. Só há um homem, o apóstolo João que é, talvez, o mais feminino dos apóstolos. Os outros fugiram porque a sua coragem, a coragem masculina, é uma coragem que se manifesta em situações de combate. E uma vez que não há nenhum combate a viver, como aos pés de alguém que está morrendo, é necessária uma outra coragem. A coragem do coração, a coragem do feminino em cada um de nós.

Entre Maria Madalena e Maria sente-se a diferença na qualidade do Ser. Nas obras de arte, Maria é representada de pé e imóvel. Representa-se Maria Madalena, algumas vezes com os braços levantados, com muita expressão em sua dor e em suas emoções. Para nós é um ensinamento. Diante do sofrimento e da morte não devemos ter medo de nossas emoções. Às vezes os homens têm medo de suas emoções, eles têm medo das lágrimas. E, como os apóstolos, eles fogem.

Reconciliar-nos com o nosso feminino é nos reconciliar-nos com as nossas emoções. E com a expressão de nossas emoções. Com a expressão amorosa e com a expressão de nossa dor. Porque assim nosso corpo pode liberar a negatividade que ficou nele.

Neste ponto é muito importante trabalhar a perda, trabalhar o luto. Porque se nós não expressarmos nossas emoções ao exterior, é o nosso corpo que vai ficar de luto. Sabe-se hoje que na gênese de certos cânceres há um certo número de perdas que não foram vividas e expressadas. Sobretudo na sociedade europeia, onde expressar emoções é um sinal de mau gosto. Então, todas as toxinas vão ficar no corpo e destruí-lo.

É por isto que esta passagem em que Maria Madalena está aos pés da cruz como imagem de um certo estado de consciência, de um estado de consciência doloroso, nos permite aceitar esta dor em nós mesmos. É preciso não ter vergonha de nossa dor. Mesmo se a expressão emotiva é, algumas vezes, desordenada.

Na casa dos Terapeutas de Alexandria havia o que se chamava *quarto do luto*. Um quarto no qual se podia vivenciar a perda. E cada pessoa que queria vivenciar uma perda, o luto por um amigo, por um filho ou um dos pais, a perda de uma relação, um divórcio ou uma separação, a perda de uma situação, de um trabalho, podia ficar lá o tempo necessário. O tempo para que seu corpo, o tempo para que seu psiquismo pudessem aceitar este acontecimento de perda. E então essa pessoa podia reencontrar o seu lugar no mundo.

É importante viver este tempo de luto. Desculpem reportar-me a um momento doloroso (N.T. – uma de nossas colegas perdera o filho naquele dia), mas quando uma mãe acaba de perder um filho, não deve se apressar para ter outro filho. Porque ela corre o risco de pedir a este filho que substitua aquele que partiu. Nós conhecemos bem, em psicologia, as patologias que se encontram nestas crianças, que chamamos de "crianças de substituição".

O mesmo ocorre na relação com uma pessoa quando acabamos de deixar alguém ou quando alguém nos deixa. É preciso ter tempo de viver esta ausência. Caso contrário se pedirá ao novo homem que substitua o homem que nos deixou. E logo vamos nos encontrar na mesma situação. Eu vejo isto, frequentemente, em alguns homens que, no momento do divórcio já estão pensando em casar novamente. Neste momento se pedirá a esta mulher que substitua a mulher anterior.

Portanto, o espaço para o luto, o tempo para o luto é que vai nos permitir o ter um novo filho e amá-lo por ele mesmo. Vai nos permitir o encontrar um novo homem, uma nova mulher e amá-los, por ele mesmo, por ela mesma. Da mesma maneira quando se trata de mudar de trabalho, ter tempo para encontrar uma nova função.

Maria Madalena, por sua atitude expressiva, nos mostra ao mesmo tempo a coragem do feminino em nós, que não tem medo de olhar de frente para a morte. O cérebro esquerdo não sabe olhar a morte, porque isso é a morte de todas as suas representações, é a morte de todas as suas construções vitais, de todas estas imagens que ele criou nele mesmo. É necessário um outro tipo de inteligência para poder olhar de frente a relatividade de nossas imagens, a relatividade do que pensamos ser a nossa identidade, a relatividade do nosso Ego. Para poder contemplar o Self e não ter medo de olhar de frente a morte do Eu. Esta morte do Eu, porém, é difícil e dolorosa, porque saímos de nossas identificações para um mergulho no desconhecido.

A testemunha da ressurreição

Há um mergulho através da morte, para o além da morte. E é assim que Maria Madalena, porque olha a morte de frente, vai ser a primeira testemunha da Ressurreição. Por isso ela adiciona algo à nossa experiência, porque se fugimos da morte (e isso não é mesmo possível), não poderemos ir ao outro lado, ao além da morte.

Trata-se de aceitar o nosso Ego para ir além do Ego. Trata-se de aceitar o nosso ser mortal para irmos além do nosso ser mortal.

Porque é no fundo desta experiência mortal que podemos entrar na contemplação do que é imortal.

É por isso que o sexto arquétipo de Maria Madalena é o feminino em nós como escuta além da morte. É a testemunha da ressurreição. A palavra *ressurreição* não quer dizer, simplesmente, uma reanimação. Confunde-se, às vezes, ressurreição com reanimação. Nós podemos falar da reanimação de Lázaro, porque Lázaro vai morrer de novo. Mas quando nós falamos da *ressurreição,* referimo-nos à palavra grega que significa *entrar na dimensão de si mesmo.* Entrar na dimensão incriada do nosso ser.

Este conceito está expresso na palavra do Buda, que nos diz: "Se não existisse em nós um não feito, não criado, não produzido, não haveria saída para o que em nós é feito, criado e composto." Assim, no ser humano, há este apelo a uma realidade que é incriada e eterna. E o que se chama de vida eterna não é a vida depois da morte, mas é a vida antes, durante e depois da morte. E que é eterna.

Eterno é o que não está no tempo. É o não tempo no interior do tempo. Algumas vezes os físicos se aproximam desta realidade. Esta origem que deixa o mundo e que volta ao mundo. É o que se chama, por vezes, um *buraco negro.* Esta realidade onde se resolve o nosso sistema solar. Há alguma coisa e logo não existe mais nada. Não há nada e, de repente, começa a existir.

Há, no homem, esta realidade a explorar: o coração da morte. É isto que, na linguagem dos Antigos, se chama de ressurreição ou vida eterna. Desta maneira, os Antigos podiam dizer que Jesus ressuscitou antes de morrer. Na medida em que ele despertou, nele mesmo, para esta realidade que não morre.

Maria Madalena vai entrar nesta realidade. Ela vai ser a testemunha da ressurreição, ao mesmo tempo no exterior e no interior. E por isso, quando ela encontra Jesus no jardim, Jesus lhe diz:

"Não me retenha. Não me retenha neste espaço-tempo. Não me leve novamente para o domínio do conhecido. Esta experiência que você está fazendo, não a procure explicar agora. Não a faça entrar nas categorias habituais da consciência.

A experiência deste não tempo, desta vida eterna, desta vida incriada, nós não podemos reter na classe do conhecido. Em uma outra linguagem, é o que me dizia Krishnamurti: "Não leve a experiência do desconhecido, estas experiências do não tempo que você poderá viver no interior de você mesmo, para a categoria do conhecimento comum". Este é, também, o tema de um belo diálogo que ele teve com o físico David Bohm, em que se vê bem a dificuldade para estes dois homens, que poderiam levar para o domínio do conhecido esta experiência de inocência, esta experiência de silêncio que não se pode traduzir em palavras.

"Não me retenha." Nesta frase de Jesus, nesta palavra do *Logos* no interior de nós mesmos, eu creio que há um grande ensinamento para aqueles que se interessam pela psicologia transpessoal, bem como para aqueles que se interessam pelos estados não ordinários de consciência. É preciso permitir ao desconhecido continuar desconhecido. E saber que nossas explicações não são senão explicações longínquas desta experiência.

A iniciadora

"Não me retenha. Aquele que você procura no exterior, procure-o no seu interior. E não o procure mais da mesma maneira como você o conheceu, porque ele vai se revelar em você de uma maneira nova."

Então, Maria Madalena poderá ir à Galileia, ir a seus irmãos para lhes anunciar sua experiência da ressurreição. Ela vai ser a Apóstola dos Apóstolos, a primeira testemunha desta realidade. E se verá que este testemunho, algumas vezes, será difícil de ser compreendido. A partir deste momento, Maria Madalena se torna como que o arquétipo da iniciadora (daquela que inicia). Uma imagem da *Sophia*. Há o *Logos* e a *Sophia*, a sabedoria. Aí então nós nos aproximamos da Síntese, que são as bodas entre o *Logos* e a *Sophia*. Estas bodas que ocorrem como em eco, na relação muito íntima entre Maria Madalena e Jesus.

Do que ocorre em seguida, não se encontra muita coisa nos quatro Evangelhos – de Marcos, Mateus, Lucas e João. Vocês sabem que existem outros Evangelhos. No começo do cristianismo havia cerca de uma centena de Evangelhos. Centenas de maneiras de contar os acontecimentos que se passaram na Galileia, a morte e a ressurreição de Jesus. Suas relações com os fariseus, com os essênios, com a sua vizinhança. Sua relação com os discípulos, sua relação com as mulheres e, particularmente, sua relação com Maria Madalena.

É por isso que eu gostaria também de lhes falar do testemunho que nos dão dois grandes textos: o Evangelho de Tomé, que eu tive a oportunidade de traduzir, e o Evangelho de Maria. O Evangelho de Maria Madalena. Eu acho que este último é muito interessante porque lança um olhar feminino sobre a experiência que foi vivida na Galileia.

Estes textos, que foram descobertos no Egito em 1945, nos informam sobre as origens do cristianismo. Porque nas origens não havia ainda os Evangelhos, havia diferentes compilações da Palavra, relatos de milagres, compilações concernentes aos atos de Jesus. E, em seguida, os evangelistas compõem seus Evangelhos a partir destas diferentes fontes.

O que se chama de Evangelho de Tomé é particularmente interessante porque é um Evangelho que ainda não foi posto em ordem, que não foi ainda historiado. Ele não lembra senão as palavras de Jesus.

A este propósito é bom lembrar que Jesus não escreveu. É bom lembrar que nós não sabemos nada do que Jesus disse. Nós sabemos o que alguns discípulos escutaram. A palavra é feita por alguém que fala e por alguém que escuta. Ela é o encontro dos dois. E as palavras que encontramos nos Evangelhos são dependentes dos ouvidos que as escutaram.

Por exemplo, no Evangelho de Marcos há muito interesse pelos milagres, pelos exorcismos. No Evangelho de Mateus há muito interesse pelas citações que Jesus faz das Escrituras e nas interpretações que são dadas. O ambiente de Marcos e o ambiente de Mateus são diferentes. De um lado há um interesse maior pelo lado fantástico de Cristo e, do outro lado, há um interesse maior na sua relação com a tradição.

Há também o Evangelho de Lucas, que se interessa mais pelos gregos e pelos judeus da diáspora. Como exemplo, citamos as passagens do filho pródigo e da ovelha perdida. A parábola da ovelha perdida, nós a lemos somente no Evangelho de Lucas.

Ainda temos um outro exemplo no Evangelho de Mateus em que Jesus diz: *"Sede perfeitos como vosso Pai celeste é perfeito"*. No Evangelho de Lucas, ele diz: *"Sede misericordiosos como vosso Pai celeste é misericordioso"*. O que é que Jesus disse? Talvez não tenha dito nem uma nem outra coisa. Ou talvez tenha dito alguma coisa que significa as duas coisas ao mesmo tempo. É por isso que os Evangelhos se completam uns aos outros. Porque a perfeição sem a misericórdia pode gerar a Inquisição. E a misericórdia sem a exigência da verdade, da justiça, pode gerar muitas coisas negativas. Portanto, é preciso manter os dois juntos e pensar que as palavras atribuídas a Jesus são dependentes do meio ambiente em que foram escritas.

No Evangelho de Tomé, a comunidade que recebeu este texto não era uma comunidade muito interessada aos milagres nem em discussões sobre a Lei, mas estava mais interessada na *Gnósis*, no conhecimento.

É interessante saber que Tomé foi o apóstolo da Índia e seu túmulo está em Madras. Quando se lê o Evangelho de Tomé, há nele um certo sabor oriental. Encontra-se nele o ensinamento da não dualidade. Particularmente a não dualidade entre o homem e a mulher, a qual é preciso integrar neste combate chamado *Antropos*, o homem inteiro.

No Evangelho de Tomé, versículo 22, há uma frase que diz: *"Quando você fizer de dois um, quando você fizer o interior como o exterior, quando você fizer um do alto e do baixo, quando você fizer do masculino e do feminino um único, a fim de que o masculino não seja apenas um macho e o feminino apenas uma fêmea, então você terá olhos nos seus olhos, você terá mãos nas suas mãos, você terá pés nos seus pés e você entrará no Reino do Espírito"*. É interessante notar que o Reino do Espírito passa, no Evangelho de Tomé, através da integração do masculino com o feminino.

Eu lerei para vocês o último versículo do Evangelho de Tomé, onde ele fala de Maria Madalena. O texto está escrito em copta, língua bem próxima à falada no Egito e que se pode dizer que é o grego dos egípcios. *"Simão Pedro dizia que Maria Madalena saísse do meio de nós, porque as mulheres não são dignas da vida. Jesus lhe respondeu: 'Eis que eu quero guiá-la, a fim de fazê-la homem. Ela se tornará, ela também, um Sopro vivo semelhante a vós. Toda mulher que se fizer homem, entrará no Reino de Deus.'"*

A dificuldade está no sentido da palavra homem, porque não se trata do homem enquanto sexo masculino. Trata-se do homem como *Antropos*. O homem que contém o masculino e o feminino. Jesus poderá dizer igualmente ao masculino que ele tem necessidade de ser guiado, para descobrir a mulher que está nele e tornar-se também homem, homem no sentido de *ser humano*. O ser inteiro.

É interessante notar a atitude de Pedro em relação à mulher. Esta reflete a atitude da Igreja de Pedro em relação à mulher e em relação ao feminino. É por isso que a Igreja de Pedro, algumas vezes, desconfia destes textos antigos. Porque eles contêm mensagens do ensinamento de Jesus, onde a mulher tinha realmente o seu lugar. Particularmente no que se refere ao Evangelho de Maria Madalena.

Vocês se interessam que eu leia algumas passagens do Evangelho de Maria Madalena? Eu lhes cito, então, algumas passagens:

O Bem-aventurado Jesus diz a seus discípulos: "Paz a vós. Realizai a minha Paz em vós. Construí-a em vós. Velai para que ninguém a desvie de vós, dizendo, ela está aqui, ela está ali. Porque o Filho do Homem está em vós. Ele não está aqui ou ali. Ele está em vós. Deixai-o viver em vós. Aqueles que o procuram, o encontrarão. Não colocai outras regras senão as que eu vos coloquei. Quer dizer, amai uns aos outros como eu vos amei. Não façais leis como os legisladores, para não serdes restringidos por elas".

Dizendo estas palavras ele partiu. E os discípulos sofriam e vertiam muitas lágrimas. Então Maria se levantou. Maria os abraçou a todos. E ela disse a seus irmãos: "Não chorem. Não permaneçam na tristeza e na dúvida porque a sua graça está por inteiro em vocês. Devemos louvá-lo por sua grandeza, porque ele nos fez homens, seres humanos". Dizendo isto, Maria transformou seus corações e eles puderam sair e anunciar o Evangelho.

Pedro disse a Maria: "Minha irmã, nós sabemos que o Salvador te amou mais do que às outras mulheres. Dize-nos as palavras que ele te fez conhecer, que ele disse a ti e que nós não escutamos!" E Maria respondeu: "O que foi escondido a vós, eu vos anunciarei".

Neste texto se vê bem a personagem de Maria como iniciadora, como a Apóstola dos Apóstolos. Vai ocorrer então todo um discurso onde ela tentará fazer com que seus irmãos, estes homens, compreendam a sua experiência de ressuscitada. A presença do Ressuscitado nela e neles.

Dito isto, Maria se calou. Mas André respondeu: "Digam o que vocês têm a dizer sobre o que ela disse. No que me diz respeito, eu não acredito que nosso Rabi tenha dito isto. Esta doutrina não nos é familiar". Pedro ficou no mesmo estado de espírito: "Será que ele falou mesmo a uma mulher sem que o soubéssemos? Devemos mudar nossos hábitos e escutar, todos, o que esta mulher diz? Ele a preferiu a nós?"

Então Maria chorou. E disse a Pedro: "Meu irmão Pedro, o que é que você tem na cabeça? Você acredita mesmo que eu inventei tudo isto? E que eu minto acerca das palavras do nosso Rabi?"

Levi respondeu: "Pedro, você sempre foi precipitado. Agora você se volta contra a mulher como o fazem nossos adversários (os adversários eram aqueles que não aceitavam mulheres em seus círculos de estudos, aqueles que viviam na dualidade, na oposição entre o masculino e o feminino). *Já que o Salvador a julgou digna, quem é você para rejeitá-la? Com certeza ele a conheceu muito bem. Eis por que ele a amou. Vistamo-nos do homem perfeito e vamos, como ele pediu, proclamar o Evangelho, sem procurar estabelecer outras leis senão aquelas que ele nos pediu para viver".*

É um texto muito vivo que mostra os conflitos que podiam existir na primeira comunidade cristã. Nem todos estavam de acordo. Aqui se dá um testemunho da importância de Maria Madalena e da dificuldade de escutarem o seu ensinamento. E, no entanto, é um ensinamento sobre a profundeza do ser humano. É o ensinamento de alguém que atravessou todas as etapas, que refez a unidade no seu desejo, que contemplou em silêncio a profundeza do Ser, que despertou para a compaixão, que olhou a morte de frente, que fez a experiência do ressuscitado. Esta experiência encontra resistência porque ela ultrapassa nossa maneira habitual de ver as coisas.

O texto diz bem: *"Devemos mudar nossos hábitos e escutar, todos, esta mulher?"* Se escutarmos nossa intuição, se escutarmos a voz do Ser no fundo de nosso ser, se nos deixarmos habitar pela *Sophia,* pela sabedoria, nós vamos mudar nossos hábitos. Ou então, teremos medo da mudança. Já falamos disso anteriormente. Às vezes preferimos ser infelizes, sem nada mudar, a mudar nossos hábitos indo em direção a uma felicidade possível. Nós preferimos a segurança à felicidade. A tranquilidade exterior à aventura interior.

É verdade que, na rejeição de Maria Madalena, na tradição que vai se seguir, se insistirá, unicamente, em seu aspecto de pecadora, esquecendo de falar no seu aspecto de iniciadora e iniciada. Neste sentido, é uma pena que muitos dos seus aspectos tenham se perdido.

É interessante que hoje nós reencontremos este texto. Porque ele nos convida a entrar numa forma de cristianismo em que a dimensão masculina e a dimensão feminina serão vividas juntas. Eu não sei se eu falaria disso ao bispo de vocês e se ele concordaria comigo. Mas não se trata de estar de acordo ou desacordo. Trata-se de reconhecer que este texto existe e que o ensinamento de Jesus é muito mais rico com ele, do que o que nós conhecíamos até agora.

Maria Madalena em nós mesmos, este feminino tão forte, esta mulher de fogo e de desejo, pode nos ajudar a reencontrar esta parte perdida do cristianismo.

Do ponto de vista da psicologia transpessoal, o ensinamento dos Antigos nos permite redescobrir a psicologia profunda que está no texto evangélico. E este itinerário de Maria Madalena descreve bem o itinerário de alguém que parte da psicologia pessoal em direção à psicologia transpessoal. Que parte da experiência do Eu para a experiência do Self, que é a experiência desta vida incriada que está em cada um de nós.

Resumo dos arquétipos

O primeiro arquétipo é o da amante com desejos desorientados. É o arquétipo deste estado de consciência no qual nós estamos quando temos em nós fortes desejos mas não sabemos o que realmente desejamos. É preciso, num primeiro tempo, aceitar esta condição, como Jesus aceitou o estado de Maria Madalena. Trata-se de aceitar-nos a nós mesmos nesta dispersão, nesta legião de personagens que nos habitam. É esta a condição para podermos nos recentrar. Dentro da multidão dos meus desejos, qual é o meu desejo essencial? Qual é o desejo que vai unificar a minha vida? Esta é uma etapa importante que vai nos permitir entrar no segundo nível arquetípico de Maria Madalena.

O segundo arquétipo é Maria Madalena como contemplação. Quando nosso desejo encontrou sua unidade, aquilo que para nós é único e necessário, encontramos um assento em nós mesmos. Encontramos uma maneira de estarmos bem centrados em nós mesmos. E é preciso que estejamos bem centrados, mesmo na ação. Sendo contemplativos na ação. Reconciliar em nós as duas irmãs, Marta e Maria, em vez de opô-las.

A terceira etapa é Maria Madalena como arquétipo da intercessão, desta capacidade de intercessão que existe em nós. Quando ela chora e intercede por seu irmão Lázaro. É encontrar em nós, no centro de nós mesmos, a compaixão. Unificar nosso desejo, centrar nosso desejo e, neste desejo apaziguado, descobrir uma outra qualidade de amor que se chama compaixão.

Vem, então, a quarta etapa – no fundo desta compaixão, despertarmos para a visão. Tornar-se profeta. No coração da nossa generosidade, pressentir o futuro. É o quarto arquétipo – o arquétipo da profecia. É o arquétipo de Maria Madalena que anuncia a morte de Jesus antes de todos os outros.

Chegamos ao quinto arquétipo em que, tendo pela intuição pressentido a presença da morte que chega, se entra em um estado de consciência que não tem mais medo da morte e que é capaz de acompanhar os agonizantes. É o arquétipo de Maria Madalena que se mantém aos pés da cruz. Acompanhar a morte vai nos tornar capazes de olhá-la de frente.

Entremos no sexto arquétipo, o da mulher testemunha da ressurreição. O arquétipo deste estado de consciência olha a morte de frente e vai mais além, vai mais profundo. Este arquétipo faz a experiência da não morte, da vida eterna, da vida incriada.

O desenvolvimento destes arquétipos descrevem todo um caminho iniciático a partir da aceitação do lugar onde estamos, da desordem e da dificuldade nas quais nos encontramos. Através deste modo de se recentrar, de se reunificar, de despertar para a compaixão, de olhar de frente a realidade tal qual ela é, nós poderemos mergulhar na realidade que é a fonte de todas as realidades. Aí então podemos testemunhar. Podemos testemunhar no mundo que há alguma coisa além do mundo. Podemos testemuhar em nossa pessoa, em nossa própria psicologia pessoal, a psicologia transpessoal. Testemunhar uma realidade transpessoal. Testemunhar o Self, no Eu que somos. Este é o sétimo arquétipo, onde Maria Madalena é considerada a Apóstola dos Apóstolos, a mulher iniciadora.

Maria

Falar sobre Maria é mais difícil. Com a samaritana, com Maria Madalena nós temos alguma facilidade porque somos sensíveis à humanidade destas personagens. Nós podemos facilmente nos reconhecer nos arquétipos que elas representam. Os estados de consciência pelas quais elas passam não são desconhecidos para nós. A transformação e a evolução dos seus desejos, nós as encontramos em nossa própria transformação, em nossa própria evolução.

Com Maria, entra-se numa dimensão mais transpessoal, isto é, uma pessoa humana que viveu no espaço e no tempo, mas que manifesta uma certa qualidade de transparência à presença do Ser que a habita e que vai ser gerado nela.

Na civilização cristã a Virgem Maria assegura a continuidade da Deusa-Mãe. Para algumas pessoas há uma certa fascinação e, para outros, uma certa repulsa. O investimento afetivo na relação com Maria é, frequentemente, muito forte. Alguns a fazem deusa, outros fazem dela uma pessoa que lhes impede de viver a sua feminilidade. Porque, na personagem de Maria, insiste-se sobretudo em sua virgindade e em sua maternidade. Sua dimensão propriamente feminina parece não ter existido. E algumas mulheres dirão que este fato foi o responsável pelo desprezo e, algumas vezes, desconfiança de tudo o que concerne à feminilidade, em sua dimensão sexual. Também, em certos meios feministas – por exemplo, no Ocidente – é muito duro falar da Virgem Maria.

Que interpretação davam sobre o assunto os antigos Terapeutas? Há interpretações religiosas e interpretações que apelam para experiências anteriores. Não se trata de negar a devoção que se pode ter em relação a Maria como um ser exterior, como um ser do passado, mas é preciso descobrir a realidade do arquétipo em nós mesmos. Da mesma maneira que perguntávamos: "O que é a samaritana em mim?" e descobríamos as diferentes etapas do nosso desejo. Da mesma maneira como perguntávamos: "O que é Maria Madalena em mim?" e descobríamos as etapas de uma longa e profunda iniciação. Agora podemos perguntar que realidade é a Virgem Maria em mim.

166

A Virgem Maria

Inicialmente, o que quer dizer a palavra Virgem? O que é a virgindade, na tradição antiga e na interpretação dos Terapeutas?

A virgindade é um estado de silêncio, é um estado de pureza e de inocência. Não é simplesmente algo físico – esta é uma interpretação mais grosseira. Para os Antigos, o importante era a interpretação espiritual e é assim que Orígenes e depois o Mestre Eckhart dirão que é preciso ser virgem para se tornar mãe. O que quer dizer isto? Quer dizer que é preciso entrar num estado de silêncio, num estado de vacuidade, de total receptividade, para que o *Logos* possa ser gerado em nós. Quando se diz que Maria é virgem e mãe, quer-se dizer que é no silêncio do corpo, no silêncio do coração, no silêncio do Espírito que o *Logos* pode ser gerado.

É assim que se fala de uma Imaculada Conceição. O Verbo é concebido no que há de mais imaculado em nós, no que há de mais completamente silencioso.

Este é um tema que encontramos em outras religiões. Na tradição do Islá fala-se da Imaculada Conceição do Alcorão, dizendo que Maomé tinha um espírito virgem. A tradição diz que ele era analfabeto e foi nesta virgindade de sua inteligência que o Alcorão foi escrito. Os muçulmanos falam da imaculada conceição do Alcorão. O *Logos* torna-se um livro, mas não se torna um homem. Encontramos este tema da Imaculada Conceição no Budismo, quando seus adeptos dizem que foi no silêncio e na vacuidade que foi gerado o espírito desperto.

Podemos ajuntar, em nós, este aspecto do imaculado? Há em nós um lugar totalmente silencioso? Isto suporia que houvesse no corpo humano um lugar onde não existisse memória. De um ponto de vista genético esta questão é muito interessante, porque se trata de ir a este lugar dentro de nós mesmos, de onde nasce a vida.

Quando se diz que a vida nasce do nada, o que quer dizer este nada? Então nós nos aproximamos da experiência do arquétipo de Maria em nós mesmos. Mas vejam bem: não se pode aproximar esta realidade com palavras, com referências normais, porque aqui nós estamos numa transição entre o tempo e o não tempo. Em tibetano é o que se chama *Bardo,* que é este estado entre duas consciências, entre o criado e o incriado.

É preciso encontrar, entre nós mesmos, este lugar por onde entra a vida, este lugar por onde entra a consciência, este lugar por onde entra o amor. É uma experiência de silêncio, uma experiência de vacuidade, alguma coisa de mais profundo, de mais profundo do que aquilo que se chama o pecado original. Charles Peguy dizia que Maria é mais jovem que o pecado. O que quer dizer isto? Isto quer dizer que existe em nós alguma coisa de mais jovem e de mais profundo que a recusa do ser, que o esquecimento do ser.

O que chamamos de pecado original é a perda do Espírito Santo. É a perda da relação de intimidade com a fonte do nosso Ser e que Jesus chama Pai. Eu creio que se falou demais sobre o pecado original e muito pouco sobre a bem-aventurança original. A bem-aventurança original vem antes do pecado original. Assim, os Antigos viam em Maria um arquétipo da bem-aventurança original, antes que ela fosse destruída no esquecimento do Ser ou na recusa do Ser. É este local de nós mesmos que está sempre na bem-aventurança. É este local de nós mesmos que está sempre na confiança.

A questão que temos de colocar é: Existe em nós uma realidade mais profunda que a nossa recusa mais profunda que nossos medos? É preciso encontrar a confiança original. Maria é o estado de confiança original. Algumas vezes ocorreu em nós, de conhecermos algo deste estado. Quando nós não projetamos mais sobre a realidade nenhuma memória; quando nós fazemos confiança Àquele que É. Quando nós dizemos *sim* Àquele que É.

Assim, para os Antigos, Maria é o *sim* original. E este *sim* é mais profundo que todos os nossos *nãos*. Trata-se de reencontrar em nós mesmos aquilo que diz *sim* à vida, quaisquer que sejam as formas que esta vida tomar. E vocês sabem bem que não é fácil reencontrar esta confiança. Não é fácil reencontrar este *sim*. Na maior parte do tempo estamos na desconfiança, no temor, e nós temos boas razões para temer e para ter medo. Quer dizer que temos muitas memórias que nos fazem medo, que nos fazem temer aquilo que a vida vai nos dar para viver. Temos então que passar por um estado de silêncio de nossas memórias, de silêncio de nossa mente, para encontrar esta confiança original. Esta atitude era o que Krishnamurti chamava de a inocência original. Trata-se agora de interrogar o Evangelho e de ver como este estado de *sim,* como este estado de confiança original, se encarna na vida concreta de Maria.

Antes disso, porém, pensaremos em Maria não somente como uma personagem exterior mas como uma realidade interior. Como arquétipo desta vacuidade, desta abertura à presença do que vive e é gerado nela minuto após minuto. E o caminho de Maria na história pode, talvez, ajudar-nos a compreender nosso próprio caminho. Pode ajudar-nos, sobretudo, a compreender a que ponto nós estamos atulhados de memória. A que ponto é difícil para nós dizermos sim e ter confiança. Nós podemos rezar à Virgem Maria na história, para que possamos reencontrar esta qualidade de confiança.

A Anunciação

O primeiro texto que nos propomos refletir é o texto da Anunciação.

Maria está numa atitude de escuta, de receptividade. Esta atitude de escuta, de receptividade, de abertura, de sim, vai colocá-la em contato com o Anjo, com o Mensageiro, com Gabriel.

Vocês sabem que cada anjo tem uma missão. Cada anjo tem um determinado comprimento de onda e Gabriel é o mensageiro, assim como Rafael é o anjo que cura.

Entrando em contato com este anjo, com Gabriel, Maria vai fazer a experiência de uma alegria. A primeira palavra do anjo é, em grego, *Kaire te* que quer dizer: Alegra-te! Traduz-se essa palavra, normalmente, por: "Eu te saúdo, Maria!" Mas, literalmente, é *"Alegra-te, rejubila-te!"*

Portanto, entrar numa atitude de escuta, de receptividade, coloca-nos em sintonia com esta frequência e com a presença do anjo que é a presença de uma alegria transpessoal. Não é uma alegria a propósito de alguma coisa ou por qualquer coisa, mas a alegria pela presença do Ser. É uma manifestação mais sútil do que a manifestação que conhecemos no espaço-tempo. Alguns de vocês tiveram esta experiência quando receberam a visita do anjo.

E o anjo Gabriel continua a falar a Maria dizendo que ela é cheia de graça. Literalmente, a tradução do grego quer dizer: *"Tu és a Bem-Amada de Deus. O Ser que É está em ti"*. Aqui nós fazemos uma leitura, palavra por palavra, do que o anjo transmite porque pode ser um ensinamento, também para nós mesmos.

O motivo de nossa alegria, o que pode nos tornar felizes quando estamos num estado de meditação e de escuta, quando estamos num estado de confiança, é descobrir que o Ser que É está em nós. O motivo da alegria de Maria é que ela é a morada d'Aquele que vive.

Em seguida uma perturbação, como para a samaritana: *"Que é que me acontece? É muito bonito, é muito grande! Qual o sentido desta bênção? Qual o sentido desta presença que me visita?"* A resposta dada pelo anjo é: *"Não temas. Não temas esta nova dimensão que se abre em ti e que vai se encarnar em ti. Tu conceberás um filho. O que vais gerar vem do alto. Não tenhas medo. Não tenhas medo da presença do desconhecido, que desce não somente em tua consciência, não somente em teu coração, mas também em teu corpo".*

Neste momento Maria é bem realista: *"Eu não conheço homem"*. Homem no sentido masculino do termo. E o que será dito é: *"O Espírito Santo (Pneuma Agion,* em grego), *o Sopro Sagrado vai te inspirar. E o Todo-Poderoso, a energia do Ser, te cobrirá com a sua sombra."*

O que é esta sombra? O que é a Sombra de Deus? O que é ser coberto pela sombra do Ser? Quando se lê o texto, passa-se rapidamente por ele. E nos esquecemos que por trás de cada palavra há uma experiência. Esta experiência é importante para Maria mas é, também, importante para nós. Porque esta experiência pertence à nossa humanidade.

A sombra de Deus, na tradição dos Antigos, é a matéria, a criação, o corpo. É o corpo da Luz. A matéria é o corpo da Luz. E aqui nós nos reunimos a algumas abordagens contemporâneas, as quais nos dizem que a matéria é a velocidade mais longa da luz. Portanto, a sombra de Deus é a matéria, o corpo, a criação.

Para os antigos Terapeutas, a sombra de Deus, para uma mulher, é o corpo do homem. A sombra de Deus, para um homem, é o corpo da mulher. É através do corpo do homem ou através do corpo da mulher, através da luz reencarnada, através do que podemos tocar do Inefável, que a Luz pode se revelar a nós.

Assim, quando o Evangelho nos diz que o Espírito Santo, que o Todo-Poderoso cobrirá Maria com sua sombra, na tradição dos Antigos, é na presença mesma do homem, através da presença da matéria, que a Luz será comunicada. É importante, também, o que diz a tradição: que Maria continua virgem antes, durante e depois. Isto quer dizer que, no relacionamento que ela teve com José, ela não perde sua inocência, ela não perde sua pureza, ela não perde o seu silêncio.

Então, a mensagem que nos é transmitida é que o fato de estarmos num corpo, o fato de estarmos num corpo sexuado, de estarmos no limite de nossa matéria, não é um obstáculo à presença de Deus. Porque é Ele mesmo que nos cobre com sua sombra e é nesta sombra que Ele vai gerar sua semente de Luz.

Num nível ainda mais espiritual, os Antigos viam nesta experiência da sombra, nesta experiência do obscuro, aquilo que dá nascimento à Luz. É por isto que, às vezes, as Virgens são representadas de cor negra. Há toda uma tradição de Virgens Negras. Não se trata somente da cor da pele, mas da lembrança de que a luz nasce da sombra. Neste sentido, Maria é o símbolo de toda a terra, de todo o universo material, que acolhe em sua sombra, em seus limites, a semente da Luz.

Assim, neste relato da Anunciação, se descreve novamente um itinerário iniciático. É preciso, inicialmente, entrar neste estado de escuta, neste estado de confiança, neste *sim,* apaziguar nossas memórias e, então, não ter medo da visita do anjo e da alegria que ele pode trazer. Mas também não ter medo da perturbação que ele pode trazer. Esta perturbação é que vai nos conduzir até a sombra, até a profundeza de nossas células, até a profundeza da matéria. E é de lá que vai nascer o divino e é de lá que vai nascer a palavra do silêncio. Não somente uma palavra que nasce de nossas memórias, do que nós aprendemos, mas a palavra que nasce da profundeza.

Maria vai responder *"Eis aqui a serva do Senhor".* A palavra serva não quer dizer escrava. A palavra serva descreve um estado de abandono, um estado de confiança na presença mesma d'Aquele que É.

A este propósito lembremo-nos que não devemos confiar em não importa quem, em não importa o quê, porque alguns podem se servir de nossa confiança para nos manipular, para nos escravizar. Confiar n'Aquele que É continuando lúcidos.

E Maria cantará o *Magnificat,* onde cada palavra é importante. Cada palavra descreve uma experiência transpessoal. Traduzindo, literalmente, do texto em grego:

Meu psiquismo se abre
Meu psiquismo se alarga
Meu psiquismo perde todos os seus limites.

E depois, como se traduz geralmente:

Minha alma engrandece ao Senhor
Exulta o meu Espírito...

Vê-se bem a diferença entre alma e espírito. Entre a *Psyche* e o *Pneuma.* Do ponto de vista antropológico, é interessante observar. Durante esta experiência de abertura ao transpessoal que se encarna nela, Maria diz que seu psiquismo perde seus limites, que ela é levada pelo Sopro, que ela é inspirada e habitada pelo Sopro.

"Exulta o meu Espírito" deve ser traduzido por: o Sopro me carrega. Lembrem-se, então, de certas experiências de suas vidas, quando vocês se sentiram levados pelo Sopro, onde vocês se sentiram leves, onde seu psiquismo ficou sem limites. Neste momento nos aproximamos do estado de consciência de Maria, quando ela recebe a visita do anjo. Sua maneira de reagir pode inspirar também a nossa. É preciso aceitar, como ela, o ter medo, o ter um momento de recuo e, novamente, entrar na confiança, deixar-se levar pelo Sopro da Vida, da vida para a qual fomos convidados.

Pode parecer curioso que, numa escola de psicologia, nós nos interessemos por personagens como Maria Madalena ou como Maria. Mas nós estamos aqui, numa tentativa científica de alguém como Maslow, que se interessa ao ser humano não somente em suas patologias e em suas deformações, mas em seus estados de transparência. Porque seres humanos como Maria e Maria Madalena podem nos ensinar algumas coisas sobre a nossa humanidade.

Com Maria, seria preciso entrar em contato com a nossa confiança original, mais profunda que nossos medos e nossas recusas. Seria preciso entrar em contato com este silêncio de virgindade, com esta sombra na qual a Luz vai ser gerada.

As Bodas de Caná

Encontraremos o estado de confiança de Maria, em outras etapas de sua existência. Por exemplo, nas Bodas de Caná. Vocês se lembram que faltou vinho e os convidados estavam inquietos com a falta de vinho.

Na interpretação simbólica deste texto, é a lembrança de que, nas bodas humanas, frequentemente o vinho falta. A alegria da união, em certos momentos, parece desaparecer. O vinho do desejo não corre mais em nossas taças, o vinho da afeição não corre mais no nosso coração, o vinho da compreensão e do respeito não corre mais em nosso espírito. Não há mais vinho, não há mais alegria em estarmos juntos, não há mais prazer em estarmos juntos, não há mais razão para estarmos juntos.

Esta é uma pergunta importante: O que é indissolúvel entre duas pessoas? Fala-se de casamentos indissolúveis – o que isto quer dizer? É alguma coisa de real? O que não é solúvel no tempo? Tomemos a sexualidade como exemplo. Se casamos com alguém num impulso do nosso desejo, sabemos que isto pode se esgotar muito rápido. E o vinho vai faltar.

Se casamos por uma paixão, com um grande afeto, um grande sentimento, sabemos bem que a vida quotidiana vai questionar tudo isso. E que, no viver do dia a dia com alguém, cada um se revela diferente do que o outro espera. E o vinho da afeição vai faltar.

Se casamos para levarmos adiante um projeto, se temos ideias comuns, há também momentos onde não mais nos escutamos, não mais nos compreendemos e aí, também, o vinho vai faltar.

O casamento por paixão, o casamento por afeição, o casamento pela razão, todos estes casamentos são solúveis no tempo, nada têm de indissolúvel.

O que é indissolúvel entre dois seres? Vamos nos reunir à tradição antiga onde o casamento era descobrir o terceiro que está entre os dois. Isto era simbolizado pelo fato de beberem ambos na mesma taça, para se dizer a si mesmo e dizer um ao outro que se um dia deixassem de se compreender ao nível da sexualidade, se não mais se entendessem ao nível da afeição, se não entendessem mais ao nível da compreensão e da razão, havia ainda entre eles uma outra dimensão, uma dimensão que não dependia deles. Quando os dois são capazes de se referir a este terceiro, então a água da vida quotidiana pode ser, novamente, transformada em vinho.

Quando falo disso me dou conta que há poucos casamentos indissolúveis. Porque há poucas pessoas que se encontram ao nível do Ser, do Ser indissolúvel que está entre eles. Para aqueles que se encontram neste nível, a vida não pode separá-los. Mesmo que eles não se entendam mais, mesmo que eles devam se deixar para continuarem a viver, há um elo que permanece entre eles. Um elo que é mais forte que o tempo. É como acontece entre alguns amigos. Eles se separaram durante anos, eles partiram para países distantes e, quando se reencontram, é como se continuassem a conversa de ontem. É muito estranho. Como se o tempo e o espaço não tivessem poder sobre esta relação. Isto quer dizer que eles se encontraram verdadeiramente ao nível do Ser.

O que nos diz Maria, nesta situação onde faltou vinho? Nesta situação em que faltaram o desejo, a afeição, a razão? *"Faça tudo o que ele lhe disser. Faça tudo o que o Logos lhe disser."* Concretamente, o que isto quer dizer? "Tenha confiança na Palavra da Verdade que está em você. Tenha confiança no Verbo que está em seu íntimo." Desde que você possa falar a alguém, desde que você possa deixá-lo falar, dar-lhe a palavra, a relação ainda é possível. Ter confiança nesta palavra que circula entre dois seres. Mesmo se, por vezes, esta palavra é dura, mesmo se ela está misturada a gritos e lágrimas, desde que dois seres possam se falar, ter confiança na palavra de verdade autêntica que está entre eles, então a relação poderá, talvez, recomeçar. E, após o momento de conflito, após o momento de confronto, talvez o vinho final seja melhor que o vinho do início. E é isto que ocorre no Evangelho de Caná. O vinho do final é melhor do que o vinho do início. A embriaguez amorosa que ocorreu no início da relação não é tão boa quanto a embriaguez que ocorrerá ao final.

Se aceitarmos passar através das provas, podemos através das provas, como Maria, ter confiança e dizer *sim* à palavra diferente do outro. E dizer *sim* à sua própria palavra. Entretanto é preciso encontrar esse estado de confiança. Sobretudo quando as aparências vêm contradizê-lo. Este é um momento de passagem, um momento de transformação, o momento em que a água se transforma em vinho. No momento em que nosso quotidiano está triste, podemos reencontrar sua alegria, sua paz. Existem as Bodas de Caná.

Maria aos pés da cruz

Chegamos ao momento em que Maria está aos pés da cruz. Ela está ali numa atitude diferente da de Maria Madalena. Em vez de falar sobre isso, eu gostaria de fazê-los escutar o *Stabat Mater* de Pergolesi e Monteverdi, de todos estes grandes músicos porque, para falar desta realidade, a linguagem da arte e a linguagem da música são mais apropriadas. Nesta música de Pergolesi e Monteverdi, o que escutamos é a união de uma grande dor com uma grande serenidade, uma grande confiança. Maria mantém-se de pé. Ela olha de frente o absurdo, a morte do inocente. Em algum momento de nossas vidas é preciso nos deixar levar por este arquétipo. Deixarmo-nos habitar pelo que nos mantém retos. Fazer face ao inaceitável. Talvez então entremos na serenidade. Serenidade diante da morte e diante do absurdo.

Maria vê o amor na morte. Quer dizer, ela sabe que a vida de seu filho não lhe será tomada porque ele a doou. No Evangelho há esta frase: *"Minha vida não me será tirada, porque eu a dou."* Ela compreende isso. Que não se pode tirar de Jesus o que ele já deu. É preciso lembrar a nós mesmos que a única coisa que não nos pode ser tomada é aquela que já doamos. Ele deu sua vida, não pode retomá-la.

Aos pés da cruz Maria contempla o amor mais forte que a morte. Ela contempla o ressuscitado no crucificado. É isto que nós escutamos na música *Stabat Mater*. Notas de uma grande alegria do fundo de uma imensa dor. A música pôde traduzir este sentimento.

Maria não terá necessidade de ver o Cristo ressuscitado, no exterior. Ela é diferente de Maria Madalena que tem necessidade de ver, de escutar, de tocar. Maria sabe sem ver, sem escutar e sem tocar. É uma forma de conhecimento muito íntimo. Uma certeza sem provas. Uma certeza que é dada pela prática da meditação. Ora, o Evangelho diz que Maria meditava todos estes acontecimentos em seu coração. Não se trata de compreender. Trata-se de meditar. E, algumas vezes, na nossa vida há acontecimentos que não podemos compreender. É preciso não recusá-los. É preciso acolhê-los em nossa meditação. E o sentido, pouco a pouco, vai se revelar. Um sentido que está além das explicações.

Pentecostes

Vamos reencontrar Maria após a ressurreição, no meio dos discípulos, no dia de Pentecostes. Ali ela vai observar que ocorreu com os discípulos o que ela viveu, a descida nela do Sopro de Deus, a descida do Espírito Santo que a cobriu com a sua sombra. E que eles também se tornaram Mães de Deus. Mestre Eckart dizia que todos nós temos de nos tornar Mães de Deus. Quer dizer que nós temos de pôr Deus no mundo. Que nós temos de fazer nascer o Amor no mundo, o Amor encarnado. Que nós temos que fazer nascer a consciência no mundo, a consciência reencarnada. Mas para nos tornarmos Mães de Deus é preciso que nos tornemos virgens. Voltamos ao que dissemos no começo, que é preciso encontrar este silêncio do coração e da inteligência, no qual a presença do divino vai nascer em nós. E encarna-se em gestos bem concretos, em palavras bem concretas, quer seja em Caná, no meio do nosso casal em cuja festa falta vinho, quer seja no momento do sofrimento e da morte, ou no momento do absurdo.

Assim, Maria não é apenas uma personagem do passado. É um estado de consciência, é um nível de presença que em certos momentos de nossa vida vem nos encontrar, iluminando e acalmando nossos instintos.

As aparições da Virgem

Haveria também uma questão a colocar, a propósito das aparições nos dias de hoje. As aparições da Virgem e suas mensagens. Há muita literatura a respeito. Numa interpretação dentro da psicologia junguiana, o próprio Jung dizia que estas aparições de Maria têm a ver com o feminino reprimido por nossa sociedade. O feminino coletivo que se manifesta quando foi esquecido ou rejeitado nas sociedades muito materialistas. Penso em algumas aparições nos países do Leste Europeu, como em Mediugorie; ou na França, em Lourdes, numa determinada época, quando o racionalismo era muito poderoso. Nestes casos ocorreu como que uma manifestação do feminino reprimido, de uma realidade do ser humano que não é suficientemente respeitada.

Vocês notarão que todas as mensagens da Virgem são mensagens que nos convidam, por meio do jejum, da prece, da meditação, ao retorno à nossa verdadeira natureza. Dizíamos há pouco que Maria é a nossa verdadeira natureza, é a nossa verdadeira inocência, aberta à presença do divino.

Todas estas mensagens são convites para o reencontro do feminino em nós. Quer sejamos do sexo masculino ou do sexo feminino, se não encontrarmos este feminino em nós, o mundo piorará. Se nós continuarmos a viver num mundo em que os valores masculinos detêm o poder, caminharemos para a destruição.

Precisaríamos ir mais longe, compreendendo que não se trata apenas de valorizar os valores femininos porque, novamente, passaríamos de um contrário ao outro e, de novo, funcionaríamos com apenas metade do nosso cérebro. E é preciso reencontrar em nós o bom funcionamento de todo o nosso ser. O aspecto masculino e o aspecto feminino. No mundo ocidental, vindo a faltar o feminino, ele se manifesta, ele chama. Em outras sociedades onde os valores femininos são respeitados, onde o sentido da terra é profundo, não há aparições. Quando esta realidade está bem integrada, ela não tem necessidade de projetar-se no exterior.

É interessante verificar, no testemunho dos místicos, que eles evoluem. Por exemplo, Bernadette Soubirous a quem a Virgem apareceu em Lourdes. Pouco a pouco estas aparições desapareceram. Porque o feminino se integrou nela e então sua missão completou-se.

É interessante aprofundar essas reflexões e elas interessam à Psicologia Transpessoal. Porque são fenômenos que merecem ser abordados de modo, ao mesmo tempo, científico e religioso. O que é difícil, às vezes, é que os religiosos desconfiam da ciência e os cientistas desconfiam da religião. O meio holístico é um meio privilegiado na medida em que se podem abordar estas questões com respeito e, ao mesmo tempo, com uma exigência crítica.

Arquétipos Masculinos

Introdução

Podemos dizer algumas palavras sobre os arquétipos masculinos. Encontramos sempre a mesma realidade, a realidade do Eu, a realidade de um psiquismo à procura do ser humano. O Apóstolo Paulo dizia que, em relação ao psiquismo, é preciso que nos tornemos homens "pneumáticos" (de *Pneuma*). Há uma passagem da *Psyche* ao *Pneuma,* uma passagem do pessoal ao transpessoal. É esta passagem que observamos na psicologia da samaritana, na psicologia de Maria Madalena e na psicologia de Maria. Seria interessante, portanto, observar a psicologia de João Batista, de João Evangelista, de André e de Pedro.

Seria interessante, também, colocar Pedro em relação com Judas, porque tanto Pedro quanto Judas renegaram seu Mestre, traíram seu Mestre. Há, porém, uma grande diferença entre Pedro e Judas.

Judas

Judas se fechou nas consequências negativas do seu ato. Voltamos à questão colocada anteriormente, na qual Judas se fecha em seu carma. Pedro não se fechou em seu carma. Após ter traído o Mestre ele acreditou no perdão. Assim ele pôde sair do círculo. Lembro a vocês que a palavra *doença,* em hebraico, significa andar em círculos, estar preso e um círculo, estar fechado na consequência dos seus atos, identificar-se com os seus sintomas. O terapeuta é aquele que abre o círculo.

A pergunta é: Por que o círculo se abriu em Pedro e por que ele não se abriu em Judas? Por que Judas se manteve preso ao seu desespero? Por isso queremos dizer algumas palavras sobre Judas.

Em nós mesmos encontramos algumas vezes estes estados de consciência que estão próximos ao suicídio. Sobretudo se tivermos amigos que se suicidaram, devemos nos interrogar sobre este assunto. Devemos nos interrogar sobre os momentos de desespero que atravessamos, sobre esses momentos de decepção. Porque Judas é, antes de tudo, um homem decepcionado. Judas é um homem que se sente traído antes de se tornar, ele mesmo, um traidor.

É preciso que nos interroguemos sobre as traições que já encontramos em nossa vida. Quando nós fomos traidores e quando nós fomos traídos. Judas é um arquétipo. Não é um personagem do passado mas é um estado de consciência que já tivemos oportunidade de conhecer. O itinerário de Judas é o itinerário de um homem decepcionado. Poder-se-ia dizer que há uma iniciação, em sentido inverso.

Da expectativa ao desespero

Judas pertence à classe dos zelotas, um grupo que esperava de Jesus a libertação de Israel. Eles esperavam que ele pusesse um fim à ocupação romana. Judas colocou uma grande esperança em Jesus. À medida que se desenrolam os acontecimentos, Jesus não corresponde à sua expectativa. E ele tem a impressão de ter sido traído.

É preciso nos lembrarmos que nós ficamos decepcionados na medida das nossas expectativas. Nós já dissemos isto: se esperamos muito de um ser humano, ele não pode senão nos decepcionar. Se esperamos uma coisa diferente da que ele pode nos dar, ele não pode senão nos decepcionar. A este propósito conto a vocês uma estorinha um pouco menos dramática. Uma mulher tinha um bonito coelho. Ela queria dar-lhe como alimento o que ela considerava que fosse o melhor. E cada dia ela lhe levava um pedaço de carne sangrenta. O coelho não tardou a morrer de fome. Havia também outra mulher, vegetariana, que criava um leão. A cada dia ela lhe trazia a sua melhor salada, os seus melhores grãos. Este leão não tardou a morrer de fome.

Esta pequena estória é, frequentemente, a história da nossa vida, porque nós damos ao outro o que cremos ser melhor para ele e o outro nada recebe. Porque não é isso o que ele espera. Não é isso o que ele necessita. Podem-se dar bombons a uma criança mas pode ser que ela não queira os bombons e sim afeição.

Penso num casal amigo. Um dia eu fui testemunha de uma discussão muito forte entre eles, na qual o homem dizia à mulher: "Eu lhe dou tudo o que você necessita, do ponto de vista financeiro, do ponto de vista de prazer". Entretanto a mulher retrucava: "Você não me dá o que eu queria que você me desse. Você me dá o que você tem mas não me dá o que você é. Seu coração está em outro lugar". Em nossas vidas, frequentemente, pode-se dar muito e, no entanto, não se dar nada. Porque damos o que nos agrada, damos o que para nós é o melhor e, durante este tempo, nosso leão ou nosso coelho morre de fome.

O que Judas espera de Cristo não é o que Cristo quer dar a ele. Ele lhe pede para que seja um homem político e então há um desencontro. Judas fica decepcionado. Cristo não quer o poder e não lhe dá esse poder. A injustiça, a miséria, a doença continuam lá. Cristo cura alguns doentes mas não cura a todos. Ele ressuscita Lázaro mas o seu comportamento não é o de alguém que vence a morte. Ele se deixa caluniar, deixa que contem toda espécie de inverdades sobre ele e, em vez de fazer cair um raio sobre seus inimigos, ele os suporta com paciência.

Judas pensa que seu Rabi, que seu Mestre, não é o Messias que ele esperava. Então, por que segui-lo? Ele está decepcionado e por isso vai vendê-lo e traí-lo. Vocês conhecem a continuação da história, como Judas vai vender Jesus aos sacerdotes, como ele vai encontrá-lo no Getsêmani, no Jardim das Oliveiras, como ele vai lhe dar um beijo e como, em seguida, vai se desesperar, vendo que traiu o melhor amigo que podia ter. Vai se fechar na culpa e se enforcar. Enforcar-se ou jogar-se, de cabeça, num precipício.

Sobre este tema as Escrituras não estão de acordo. No Evangelho de Mateus fala-se em enforcamento e no Atos dos Apóstolos há referências sobre sua queda num precipício. É bom que não saibamos como Judas morreu. Porque aí reside todo o segredo do suicida. Nós não devemos julgar a pessoa que se suicida porque não sabemos o que se passou nela. Em seus últimos instantes ela pode se fechar na culpa, fechar-se ao perdão, mas pode também ter um momento de abertura, um momento de confiança no fundo de seu desespero.

Por esta razão eu nunca compreendi que a Igreja Católica proibisse as preces pelos suicidas, já que eles tinham necessidade de orações. Creio que hoje em dia esta interdição não existe mais. Quando eu era um dominicano, tomei conhecimento desta proibição quando eu pedi que celebrassem uma missa por um amigo que se suicidara. Nós não sabemos como Judas morreu. Não sabemos se, no derradeiro instante, no fundo de seu desespero, ele não se abriu à Luz.

O ter e o ser

Portanto, voltemos a Judas como arquétipo. Contamos sua história e agora tentemos entrar neste estado de consciência que ele representa.

Já evocamos o seu contraste com Maria Madalena. É o contraste que existe em nós, entre a generosidade, o dom total que profetiza a cruz, que profetiza a doação total de Cristo e Judas que calcula. O Evangelho nos diz que os pobres não são para ele senão um pretexto, quando ele diz que o dinheiro usado para comprar o perfume poderia ter sido gasto com os pobres.

Neste caso, ele nos coloca a questão da nossa relação com o dinheiro. Nossa relação com as nossas posses. Nas tradições espirituais coloca-se, frequentemente, a oposição entre o ter e o ser. Seria preciso opor, de preferência, o ser e a avareza. Queremos dizer com isto que o ter não é mau. O que é mau é a apropriação do ter e este é o drama do avaro. É isto que impede em nós a generosidade. Desta maneira podemos observar em nós mesmos esta presença de Maria Madalena, esta generosidade em dar do que ela tem, em dar do que ela é, e também, em nós, a presença de Judas que guarda o que ele tem e guarda o que ele é. E assim ele se separa da fonte viva da vida.

Nossa relação com o dinheiro simboliza a nossa relação com a matéria. O dinheiro é uma energia que não é má em si mesma, que não é má se ela circula, se ela é utilizada para a doação. Se esta energia é guardada, aprisionada, ela pode transformar-se em veneno. No arquétipo de Judas há alguma coisa deste estado de consciência que nos envenena, que envenena a existência. Assim, os antigos Terapeutas viam em Maria Madalena o arquétipo do amor oblativo e em Judas o arquétipo do amor captativo. Na história da arte, isto é bem representado em um afresco de Giotto. Vê-se Judas indo beijar Jesus e sente-se que sua boca tem uma posição como se quisesse engoli-lo, comê-lo.

Nós podemos nos interrogar sobre o beijo de Judas. O que é um beijo? Para os Antigos era um sacramento. Um sinal visível de uma realidade invisível. Quando uma mãe beija um filho, dá-lhe um sinal visível, sensível, desta realidade escondida que mora em seu coração. Pode acontecer que os sinais de amor não sejam senão cascas vazias. Há a casca mas não há o grão. O beijo de Judas é uma concha vazia.

Somos obrigados a nos interrogar sobre todos estes gestos que são sinais de amor, que têm a aparência de amor mas que, algumas vezes, não têm a substância do amor. Desta maneira, a experiência que Judas traduz é aquela de uma concha vazia. Aparências que não são habitadas pela presença. Traímos a nós mesmos e ao outro porque nossa expressão não traduz o que realmente somos.

A sombra

Podemos colocar outra questão: Por que Judas? De uma certa maneira, é graças à traição de Judas que Cristo manifestou o seu amor. Se Judas não o tivesse traído, a revelação do amor não teria tomado este caminho trágico. Jesus teria continuado a ensinar, como Buda, até uma idade bem avançada. E assim, os Antigos diziam que, de certo modo, Judas contribuiu para manifestar a glória de Deus.

Nós reencontramos aqui a psicologia da profundidade. Judas simboliza o traidor em nós. E o traidor em nós, frequentemente, é o inconsciente. Queremos fazer alguma coisa e nosso inconsciente nos impele a fazer outra. Nós traímos a nós mesmos.

Portanto Judas vai representar a Sombra, na concepção junguiana do termo. Enquanto esta Sombra não for aceita, enquanto ela não for analisada, ela vai nos trair, ela vai nos dominar e vai surgir no momento em que menos esperamos. Mas se nós a aceitarmos, ela vai ser uma etapa em nosso caminho.

"O que você tem a fazer, faça rápido", diz Cristo a Judas. Em algum momento em nós, em vez de reprimirmos alguma coisa que nos faz medo, é preciso que nos permitamos expressá-la. Entra

aí todo um trabalho de alquimia. Não se trata de destruir nossa agressividade e sim de orientá-la. Esta agressividade em nós é capaz de nos destruir e destruir os outros. Mas se nós a orientamos bem, é uma energia de construção. A imagem que frequentemente empregamos é que, com a mesma força com que podemos atacar alguém, podemos carregar as suas malas.

A energia não significa nada, o que depende de nós é a orientação desta energia. Portanto, há que aceitar esta agressividade como há que aceitar em nós a libido e o mundo das paixões. Se o mundo das paixões passar pelo coração, pode se transformar em amor. Se esta energia passar profundamente pelo coração, pode se transformar numa força de compaixão, uma força de oração.

É por isso que os monges do deserto amavam ver chegar pessoas que nem sempre tinham boa reputação. Em Alexandria conta-se a estória de um homem que chega a um mosteiro e é acolhido, calorosamente, pelo abade superior deste mosteiro. Os outros monges lhe dizem: "Você não conhece este homem. Você sabe que ele passa todas as noites na taverna, a dançar e a beber?" O pai-abade responde: "Está muito bem. Assim ele aprendeu a não dormir e ele pode velar durante toda a noite. E com a energia que ele viveu a dançar e a beber, vai poder continuar a dançar diante de Deus e a beber o vinho do êxtase." Trata-se, portanto, de uma transformação da energia. De outro modo a nossa sombra corre o risco de nos trair. E nós nos serviremos de nosso Judas para fazer brilhar a luz.

O ato de Judas foi a ocasião para que o Cristo manifestasse um amor maior. Alguns podem dizer que Judas é como um Cristo renegado. A sombra é uma luz que não pode se doar. É um amor que não pode se comunicar. Dissemos anteriormente que, quando a energia do amor não pode se comunicar, não pode se doar, ela se volta contra nós. Ela nos rói, ela nos destrói interiormente.

Assim, o personagem de Judas pode ser abordado de diferentes maneiras. Não somente como um ser histórico que colaborou para a manifestação de Cristo, mas também como uma sombra interior, como um desespero interior, semelhante a estes momentos de decepção que nos ocorrem e que, se somos capazes de atravessá-los, tornam-se para nós uma ocasião de evolução.

Pedro

Durante estes dias de estudo entramos em ressonância com alguns personagens evangélicos, os quais são arquétipos do Eu na procura e no encontro do Self. À maneira dos antigos Terapeutas de Alexandria, vimos que o caminho deles, de um lado a metamorfose de seus desejos, a transformação do seu Ser, a sua transparência, o seu silêncio, de outro lado a travessia da sua sombra e do seu desespero, podiam iluminar a nossa solidão. Deram-nos também a perceber o processo transpessoal que está em curso na nossa pessoa. O nascimento da borboleta na larva que somos. Nós não poderemos falar de todos os apóstolos, mas eu gostaria de dizer algumas palavras sobre Pedro, antes de falar do Cristo como arquétipo da Síntese.

Pedro é também um traidor como Judas, mas com um outro caráter. O que nos diz a história é que ele era natural de Betsaida, morava em Cafarnaum e que Jesus frequentava a sua casa. Foi lá que Jesus curou sua sogra. Pedro era casado e a tradição fala de sua filha, que se chamava Petronília e que morreu mártir. Pedro pescava no lago e era um homem espontâneo.

A pedra

Vocês se lembram do episódio em que Pedro anda sobre o mar. Quando Jesus o chama, por um momento ele olha para seus pés e afunda no mar. Para os antigos Terapeutas, este é um ensinamento muito interessante. Eles dizem que quando o Eu olha para o Self, quando o Eu tem confiança no transpessoal que o conduz, ele pode andar sobre o mar – o mar agitado das emoções – e não afundar na identificação. Mas desde que o Eu se volta para si mesmo e se fecha em si mesmo, ele se afoga.

Podemos entender a atitude de Pedro porque existe em nós esta confiança, esta abertura, mas existe também esta dúvida, este medo, esta desconfiança que algumas vezes nos faz afogar. Da mesma maneira, no domínio do conhecimento, Pedro tem momentos de abertura, de discernimento, ele o reconhece como o filho de Deus no filho do homem e é o primeiro a afirmar Jesus como o Filho de Deus. Alguns instantes após, quando Jesus lhe diz que é preciso subir a Jerusalém e que lá ele deve passar pelo sofrimento e pela morte, Pedro o retém e diz: *"Não, não é possível!"* E neste momento Jesus diz a Pedro que ele é um *Satan,* palavra hebraica que significa obstáculo.

Aí reside toda a ambiguidade da palavra Pedro. A pedra que serve para construir, mas também a pedra que serve para perder o equilíbrio, a pedra que é um obstáculo. Existe em nós mesmos uma pedra para reconstruir, mas às vezes nosso Ego, em vez de ser o local de recepção do Self, é um local de oposição e de fechamento ao Self. É por isso que Pedro é uma boa imagem da ambiguidade do Eu. O Eu que pode ser um lugar de manifestação do Self ou um obstáculo, um *Satan,* um demônio. Aqui voltamos a encontrar o sentido de Judas. Judas pode ser o Ego, o Ego que trai o Self. Esta parte de nós mesmos que algumas vezes trai o melhor de nós mesmos. Como dizia São Paulo: "Eu não faço o bem que eu quero e faço o mal que não quero".

A negação

Algumas vezes nós nos sentimos traídos por nós mesmos e é isto que vai acontecer com Pedro. Ele vai renegar seu Mestre.

Vocês se lembram do episódio, quando uma criada pergunta a ele: *"Tu és o discípulo deste homem?"* Ele responde: *"Não, eu não o conheço"*. A criada insiste três vezes: *"Tu és o discípulo deste homem?"* E por três vezes Pedro vai renegar. Por três vezes ele vai trair.

Esta é uma pergunta para nós, porque o Eu pode renegar o Self, pode dizer que não o conhece. Pode-se renegar o que se conheceu em profundidade, renegar na sombra o que se conheceu na luz, renegar as experiências do transpessoal que um dia ou outro iluminaram nossa existência. E na fonte deste renegar está o medo. Pedro tem medo de perder sua vida, tem medo também da mulher, tem medo dessa criada. Novamente reencontramos este medo em nós mesmos, este medo da nossa razão e da nossa lógica que tem medo da nossa intuição, que tem medo destas experiências que nos conduzem além de nós mesmos. Algumas vezes, em nossa vida, experimentamos este medo, este medo do feminino em nós mesmos, este medo de nossa abertura para a transcendência, que nos conduzirão à negação.

Neste momento o galo vai cantar, neste momento alguma coisa em nós vai gritar, porque sentimos que estamos ao lado de nós mesmos, que estamos ao lado de nosso desejo essencial, que estamos ao lado do nosso ser essencial e renegamos o que temos de mais precioso. Neste momento de lucidez, representado pelo galo que anuncia o dia, podemos desesperar como Judas ou podemos chorar como Pedro. Chorar e voltar ao Self. Cair, mas numa queda que não dura para sempre. Cair mas levantar-se e este é um momento importante.

Pedro não se fecha na culpa e este texto nos lembra que quaisquer que sejam as nossas faltas, quaisquer que sejam as nossas negações do Self, qualquer que seja o nosso medo da vida divina, podemos sempre voltar. O sol está sempre aí, mesmo que fechemos nossas janelas para a luz. Novamente nós podemos nos abrir e retomar a nossa estrada.

Assim Pedro continuará seu caminho. E Jesus vai, assim mesmo, escolhê-lo para ser aquele que firmará seus irmãos. Este ponto é interessante para nós porque são nossos fracassos, os momentos de dificuldade de nossa existência que nos dão uma certa sabedoria. É graças a nossos erros que descobrimos a verdade. É graças à nossa estrada tortuosa que reencontramos o caminho reto.

As formas de amor

O Self poderá confiar no Eu porque o Eu conhece bem os seus limites. É o que nos acontece quando encontramos um grande sábio, com sua grandeza e sua humildade. Sua grandeza, porque ele sabe que o Self o habita e sua humildade porque ele sabe que recebe o Self em um vaso de argila, num recipiente frágil.

Neste momento vai acontecer um belo diálogo entre Pedro e Jesus. Jesus pergunta a Pedro: *"Tu me amas?"* Há aqui uma pequena dificuldade com a palavra grega empregada. A palavra que Jesus emprega é *Ágape* e quando Pedro responde: – *"Senhor, tu sabes que eu te amo!"*, a palavra grega empregada é *Phileo*.

Sabemos que há diferentes espécies de amor. Jesus quer iniciá-lo ao *Ágape*, ao *Ágape* que é o amor gratuito, que não espera retorno. Pedro responde com *Phileo*, um amor que espera alguma coisa em troca. Além das palavras *Ágape* e *Phileo* conhecemos a palavra *Eros*. Quando falávamos, anteriormente, acerca de Judas e do amor captativo, poderíamos ter empregado a palavra *Eros*.

Assim há diferentes níveis de consciência e há, também, diferentes níveis de amor. Pedro ainda não está à altura do *Ágape*. Este é um ensinamento interessante para nós. Nós estamos num caminho e quanto mais avançamos, mais formas de amor nós descobrimos.

Inicialmente há o amor que é *Porneia*. Este amor é o amor da criança pela sua mãe, um amor de fome e de apetite, um amor de necessidade. Ora, este tipo de amor é, com certeza, normal e bonito numa criança. Mas é menos normal e bonito em um adulto, porque é um amor de consumismo e algumas vezes vemos grandes bebês de quarenta, cinquenta anos, que continuam a comer o outro.

Em seguida vem o *Eros*. O *Eros* não é simplesmente a captação no sentido negativo do termo, mas é a fascinação pelo que é grande e pelo que é belo. No sentido platônico do termo, ama-se um corpo que é belo pela alma que o habita. Amamos uma alma que é bela porque reconhecemos nela a presença do espírito que a habita. Portanto, *Eros* é um amor de desejo, o desejo de alguém que falta, em direção a alguém que possui.

Após vem *Phileo* que é um amor de amizade, um amor de troca. Não é o amor de um inferior por um superior mas é um amor de igual para igual. É um amor de fraternidade. É o amor ao qual Jesus convidava seus discípulos, para que nenhum dominasse o outro, para que todos fossem irmãos e irmãs. Mas nesta forma de amor há ainda uma expectativa. Espera-se que o outro nos dê como nós lhe damos. É um amor de troca. E já um amor de adulto.

O amor da *Porneia* é um amor de bebê, o amor de *Eros* é um amor de adolescente, o amor de *Phileo* é um amor de adulto.

E depois vem *Ágape* que é uma palavra nova no mundo grego, porque não se podia imaginar um amor gratuito. Ainda hoje, em psicanálise, se dirá que não é possível amar gratuitamente – ama-se para ser amado e se nós formos honestos para conosco, reconheceremos a verdade desta afirmação. Não é o outro, por ele mesmo, que nós amamos. Nós amamos ser amados. Nós amamos nos sentir amados. Nós amamos nos sentir amorosos, qualquer que seja o objeto do nosso amor. Portanto, não é o outro que nós amamos. É sermos amados por ele ou nos sentirmos amorosos dele.

Com *Ágape* há, todavia, uma experiência. A verdade é que *Ágape* é o amor transpessoal, é o amor que nada espera, é um amor gratuito. Nós podemos falar sobre ele, mas o interessante é fazermos a experiência. Eu creio que todos nós, por alguns instantes, já experienciamos esta forma de amar sem nada esperar em troca. E nesta experiência de gratuidade conhecemos um momento de leveza verdadeira e de liberdade verdadeira, porque nós amamos e nos agrada amar, quer sejamos amados ou não. Aí reside a liberdade do ser humano.

Pode-se compreender São João quando ele nos diz que Deus é Amor e que aquele que permanece no amor, permanece em Deus e Deus permanece nele. Mas de que amor se trata? Trata-se de *Ágape,* trata-se deste amor gratuito, e se nós somos capazes de realizá-lo em alguns momentos de nossa existência, fazemos verdadeiramente a experiência do divino em nós.

Não é o Eu que ama, é o Self que ama. Como dissemos anteriormente, não é o Eu que pode perdoar, é o Self que pode perdoar. A questão é de se abrir ao que está em nós e que é maior que nós, mais inteligente que nós e mais amoroso que nós. Jesus ensaia iniciar Pedro nesta qualidade de amor. Pedro, porém, não o compreende. Jesus não o reprova, porque é através da ação, através de atos concretos, que Pedro descobrirá esta qualidade de amor.

É por isto que a frase do Cristo: *"Você amará!",* que retoma a palavra do antigo testamento, não é uma palavra que dá uma ordem. Quando o Cristo lhe diz: *"Você amará!",* nós nos lembramos das palavras, mas não nos lembramos da música. Algumas vezes, nas igrejas, nos disseram, dedo em riste: "Você amará e se você não amar irá para o inferno ou você é muito mau". Eu não acredito que Jesus tenha falado assim. Porque se alguém me fala assim, se alguém me diz que é preciso amar, que eu sou obrigado a amar, eu me torno incapaz de amar.

Isto gera uma dificuldade em muitos cristãos. Eles escutaram esta frase como uma obrigação, como uma ordem. E isto pode criar muitas distorsões de consciência. É já um sofrimento não poder amar. Há certos dias em nossa vida nos quais nós descobrimos que não sabemos mais amar. Esses dias são de tristeza e a esta tristeza vai se ajuntar *uma* consciência deturpada, vai se ajuntar a culpa. À infelicidade de não amar vai se ajuntar a infelicidade de ser culpado de não amar.

Jesus não falou assim. Ele disse: *"Você amará!"*, que é o verbo amar no futuro. Isto quer dizer: "Hoje você não ama, mas um dia você amará! Hoje você talvez esteja na *Porneia* ou no *Eros,* hoje você ainda é um grande bebê, mas você vai crescer, vai se tornar adulto e não somente vai se tornar adulto como vai despertar para sua dimensão divina. Você então amará no sentido do *Ágape*. Esta frase de Jesus é uma mensagem de esperança. É uma palavra que nos convida a crescer, mas não nos culpa por não amar agora.

Jesus não culpa Pedro porque Pedro o renegou. Ele não culpa Pedro porque Pedro não é capaz de compreender o sentido da palavra *Ágape*. Ele lhe diz: "Você amará! Hoje tente amar um pouco. Introduza um pouco de leveza nos seus atos, um pouco de gratuidade e, pouco a pouco, você descobrirá qual é este *Ágape* que está em você." Esta palavra é, verdadeiramente, a palavra do Self ao Eu. O Self que convida o Eu a abrir sua porta, a abrir sua janela e nós temos medo de abri-la porque o vento pode soprar forte dentro do quarto. Existem em nós todos os tipos de medo e é preciso reconhecê-los e não se fechar. Abrir pouco a pouco. Então nós conheceremos a presença do Aberto em nós mesmos.

Nossa vida é frequentemente um acordeon que se abre e se fecha. Algumas vezes estamos num estado de consciência e experiências transpessoais nos abrem de um só golpe. Existe o perigo de não conseguirmos mais fazer o elo entre a consciência anterior e a nova consciência. Alguma coisa foi quebrada. É o que ocorre em certos casos de esquizofrenia. Pessoas que viveram uma experiência transpessoal brutal e que não conseguem integrá-la. Neste caso, é o terapeuta que deve aprender a integrar esse estado de consciência ao estado normal. Deverá aprender a tocar a música. Tocar a música dos estados de consciência. Estar bem no seu corpo e na sua racionalidade em determinados momentos; em outros momentos, estar no silêncio e na abertura total ao mistério e, outras vezes, no estado intermediário, entre a vigília e o sono, entre a vigilância normal e o estado de vigília transpessoal.

Jesus é o Self e o que Ele quer ensinar a seus discípulos, mesmo aos discípulos que o renegaram, como Pedro, é que eles aprendam a tocar a música. Aprender a tocar com os estados de consciência, a viver em diferentes níveis de amor.

É preciso aceitar o bebê que existe em nós, o bebê que foi talvez mal amado, que talvez tenha sido abandonado e que espera dos outros, sem cessar, o que ele não teve. Aceitar em nós o adolescente com o seu ideal, mas também com a sua intransigência, com seu egoísmo. Reconhecer em nós o adulto que tem necessidade de amizade, de troca. Mas também é preciso reconhecer em nós o Self que é capaz de gratuidade, que é capaz de generosidade. Aprender a tocar a música. É a isto que nos convida o Arquétipo da Síntese.

O arquétipo da síntese

Jesus

A Síntese não é uma coisa estática mas algo vivo, um movimento. Sem cessar nós temos que fazer a união entre o superior e o inferior, entre o masculino e o feminino, através dos conflitos, através das tristezas, a fim de vivermos estas bodas interiores.

Para os antigos Terapeutas, Jesus não era somente um personagem histórico. Ele era também um arquétipo. O arquétipo que faz, em nós, a Síntese não apenas do masculino com o feminino, mas também a síntese do divino com o humano.

O Teântropos

Eu gostaria de apresentar a vocês a visão do que os Antigos chamavam de *Teântropos,* de *Teo* (= Deus) e *Antropos* (= Homem). Eles veem no Cristo a encarnação do caminho do meio, do caminho da integração. Assim nós podemos fazer um esquema, colocando no centro o caminho do meio. Notando que temos tendência a ir para um lado ou para o outro e que, sem cessar, temos de reencontrar esta linha de equilíbrio (o esquema do caminho do meio encontra-se no final deste capítulo).

Nós vamos encontrar, igualmente, este conceito nas civilizações e nas culturas, na história da filosofia e na história da teologia. Por exemplo, quando fui à Índia, eu me admirei de encontrar homens que me diziam que só existe Deus. Que o mundo, a matéria, eram *maya,* uma ilusão. Como um fantasma, como uma projeção sobre a tela de um cinema. Só Deus existe.

Na universidade aprendi que só o homem existe. O que se chama Deus é uma projeção do homem. É uma ideia humana, uma representação do homem. Mas Deus nunca existiu. Só a matéria existe, só o homem existe.

De um lado somente Deus, do outro lado somente o homem. Na minha experiência eu não podia negar a realidade do homem, a realidade do meu corpo, sobretudo nos momentos em que tinha fome. Ao mesmo tempo, eu não podia negar a realidade de Deus. Porque quando eu olhava nos olhos de uma criança, havia em seus olhos algo além da matéria. E eu me dizia: "A diferença que há entre Deus e a natureza é a diferença que há entre o azul do céu e o azul de um olhar. Ambos são azuis. Mas no azul de um olhar há algo mais que não há no azul do céu".

Não se trata de opor um ao outro, mas de descobrir este mistério que habita a matéria. Este Sopro que a anima. Assim, eu não podia negar nem o homem nem Deus. "Por que só Deus?", eu me questionava. Porque tudo o que se sabe de Deus é através daquilo que os seres humanos disseram. Dessa maneira não se pode conhecer Deus sem o homem e não se pode conhecer o homem, o homem em sua profundeza, em seu mistério, sem descobrir que Deus está nele.

O que me admirou no cristianismo é o fato de Deus e o homem não estarem separados. Os Antigos chamavam o Cristo de *Teântropos,* isto é, o Deus-Homem, o Homem-Deus, a síntese dos dois. Vocês se lembram de Maria Madalena, desse profundo desejo que havia em sua feminilidade e no seu ser. Ela não queria somente um homem carnal, ela não queria somente um Deus espiritual, ela queria os dois juntos. Ela estava no desejo do *Teântropos.*

Do ponto de vista filosófico, encontramos esta oposição entre o que se chama de Transcendência e o que se chama de Imanência. De um lado Deus é o *todo-outro* e, do nosso lado, Deus é o *todo-nosso*. Deus no exterior e Deus no interior. Isto vai conduzir-nos à separação que encontramos nos pensamentos judaico e islâmico, onde Deus é inacessível, separado da criação, e onde não há união possível entre o homem e Deus. O homem fica na terra e Deus no céu. Como dizia o poeta francês Jacques Prévert: "Nosso Pai que está no céu, fique aí!" É uma frase muito dura que é, efetivamente, a consequência de uma visão de Deus separada da terra, separada do homem.

Do nosso lado, há como que uma mistura entre Deus e o homem. Não há transcendência e há alguma confusão. Deus e o homem estão como que misturados. Nesse caso vai-se em direção à mistura, não se faz mais a distinção entre o pessoal e o transpessoal. Não se faz mais a distinção entre o ser criado e o incriado. No caminho do meio se dirá que Jesus é a união do verdadeiro Deus com o verdadeiro homem, sem separação. Deus e o homem não estão separados e não existe confusão.

Neste caso, o homem continua sendo um ser humano, ele está em seus limites e esses limites não o separam de Deus. Sua união a Deus não é uma mistura. Estes dois termos são familiares para aqueles que têm um pensamento holístico, porque a visão holística não se centra na confusão. É sair da visão dualista, que separa e opõe as coisas, mas ficando no caminho do meio.

A aliança

Vejamos a relação de um casal. Quando entramos num período amoroso, há um momento de fusão e, enquanto vivemos com esta pessoa, há, algumas vezes, momentos de oposição que podem conduzir à separação. Quando nos separamos, recomeçamos às vezes a mesma estória e não vamos muito longe. É por isso que eu represento o caminho do meio pelo número três. O número dois representa a separação e o número um representa a confusão. É preciso sair de ambos, separação e confusão, e entrar no número três que é o símbolo da união diferenciada.

Assim, o *Teântropos* realiza, em dois seres, a união diferenciada, a Aliança. E é entre dois seres que temos de descobrir esta Aliança. Nós somos um, mas você é você e eu sou eu. Não há uma confusão, mas uma união diferenciada, existe uma aliança, existe amor.

Do ponto de vista religioso, de um lado vemos as religiões proféticas e do outro lado as religiões de sabedoria. Do lado das religiões proféticas dá-se muita importância à Palavra e o profeta é o mensageiro da Palavra. Nas religiões de sabedoria fala-se menos e a presença do Ser é transmitida através do seu brilho, através do seu silêncio. O que se pode notar quando se estuda o cristianismo, quando se olha a pessoa do Cristo, é que ele é tanto um profeta que fala, que carrega uma mensagem, quanto um sábio e algumas pessoas se curaram simplesmente entrando na luz de sua presença. Deste modo ele é um profeta e um sábio, ele é uma síntese entre as religiões proféticas e as religiões de sabedoria. Mas, na tradição cristã, algumas vezes este caminho do meio foi perdido.

A sinergia

Alguns verão no Cristo somente o aspecto divino, dirão que ele não sofreu verdadeiramente, que ele não morreu verdadeiramente, que ele simulou e que é Cristo apenas divino. Do outro lado, há os que verão em Cristo somente o lado humano, um grande sábio ou um grande profeta que muito amou, mas que morreu na cruz e conheceu o fracasso do seu amor. No primeiro caso se insistirá muito sobre a ressurreição, esquecendo-se a cruz e a paixão. No segundo caso se insistirá sobre a cruz, sobre o sofrimento do Cristo, sobre sua humanidade, sobre suas qualidades humanas, sua doçura e sua paciência, esquecendo-se o seu lado divino.

Ainda hoje, em algumas correntes de pensamento, fala-se em Cristo como um Deus acima das nuvens ou como um revolucionário que conclama o povo à libertação. Há verdade nos dois lados. Porém quando se insite em apenas um lado, tem-se tendência a se opor ao outro lado.

Daí vem a necessidade de encontrar o caminho do meio. Se o Cristo é somente Deus, ele não me interessa, porque ele não sabe o que é sofrimento humano, ele não sabe o que é ser traído por seus amigos, ele não sabe o que é a morte. Se, por outro lado, Cristo é simplesmente um ser humano, ele também não me interessa porque são o sofrimento e a morte que terão a última palavra. Se ele não ressuscitou, não manifestou esta presença do divino nele, poderá ter sido um belo sábio, um homem maravilhoso, mas sempre como um homem mortal. É preciso unir o humano ao divino, a realidade do sofrimento e da morte com a realidade da ressurreição. E assim a gente reencontra o Cristo no caminho do meio.

Estas considerações vão ter consequências na nossa maneira de viver porque há entre nós pessoas que dizem que foi Deus quem fez tudo. Que é Deus que faz as rosas, por exemplo. E outros respondem: "Não, não é Deus, é a roseira". Há pessoas que o veem em toda parte e há outras que não o veem em lugar algum. É necessário que se vejam juntos Deus e a roseira que cuida das rosas, porque a verdade é que não haveriam rosas se não houvesse chuva, se não houvesse vida, se o Ser não comunicasse vida à natureza. E, ao mesmo tempo, a qualidade da rosa depende do modo como a roseira cuida dela e se eu não cultivo a minha roseira ela não dará belas rosas.

Isto é um ensinamento para nós porque algumas pessoas espiritualizadas dizem que não há necessidade da psicologia, não há necessidade de trabalhar em si mesmo porque é a graça de Deus que faz tudo. Assim esquecemos a roseira, porque trabalhar em nossa roseira é trabalhar em nosso Eu, para que a seiva do Self possa fazer a roseira florir por muito tempo. Nosso trabalho psicológico é um trabalho de desentulhamento de todas estas memórias que impedem a seiva da vida de crescer em nós. É preciso então ter confiança na graça de Deus e, ao mesmo tempo, trabalhar em nós mesmos, trabalhar em nossa própria transformação. Tomando o caminho do meio que se chama sinergia.

No caminho do conhecimento existem dois impasses: o impasse do fideísmo, presente naqueles que dizem que a fé é suficiente, que não é necessário compreender, que não é preciso trabalhar a razão, mas apenas crer. Outros dizem que a razão é suficiente, a reflexão é suficiente, que para conhecer Deus não é necessário crer, só é necessário pensar e pensar bem, ascender encadeando causas e efeitos até encontrar a causa primeira, até encontrar o princípio do Ser.

De um lado temos o fideísmo e do outro lado o racionalismo, este último formado por pessoas que não querem ouvir falar da fé e que dizem que a razão é suficiente. Aí vamos encontrar a oposição entre o racionalista e o crente. E o caminho da sinergia faz funcionar ao mesmo tempo o coração que crê, que confia, e a razão que procura compreender.

Santo Agostinho diz que a fé procura compreender. Nós podemos dizer também que a razão procura crer, que a razão procura nos conduzir além da razão. Deus está além da razão, mas não é contra ela, assim como o Self está além do Ego mas não é contra ele. Portanto é necessário encontrar em nós a integração.

Na prática, encontraremos aqueles que dizem que a graça de Deus faz tudo e aqueles que dizem que é a vontade do homem. De um lado o voluntarismo e de outro lado o medo de se abandonar. Como manter os dois juntos? Vocês veem que há um equilíbrio sutil e cabe aqui uma frase de Inácio de Loyola, que é muito próxima da que escreveu o Bhagavad Gītā: "Faça tudo o que você tem a fazer como se tudo dependesse unicamente de você e, ao mesmo tempo, como se o resultado dependesse unicamente de Deus". Há, portanto, uma sinergia.

A questão é ser verdadeiramente responsável pelo que fazemos, utilizarmos nossa vontade e nossa razão fazendo as coisas o melhor possível mas, ao mesmo tempo, sabendo que o resultado não depende de nós. É um estado de atenção e de repouso. Ter a rédea presa e estar vigilante. Por trás do que lhes digo se poderiam colocar nomes de teólogos ou ascetas que insistem sobre uma única versão da realidade. Sua arte de viver perdeu esta sinergia.

O respeito

Nós perdemos algumas vezes o caminho do meio na nossa maneira de olhar as igrejas. Alguns fazem da igreja uma instituição divina, com muita autoridade, como se Deus falasse através do papa e através dos padres. Do outro lado há uma abordagem unicamente sociológica, que vê na igreja uma instituição como as outras e, às vezes, pior que as outras, porque ela pode manipular a consciência das pessoas. O pior é a corrupção do melhor.

Assim, portanto, há análises de igrejas que não veem senão o lado divino e outras que não veem senão o lado humano. Daí a necessidade de encontrar novamente o caminho do meio. A igreja é cada um de nós, é nossa humanidade, é a humanidade na estrada da divinização. Ela não é uma instituição unicamente divina, os padres podem cometer erros; senão se trata de idealizá-los, nem de idolatrá-los, nem de desprezá-los.

Isto é verdadeiro tanto em relação aos padres como em relação a outras realidades. Coloca-se então, no meio, a palavra respeito, que é uma forma de amor e que nos evitará cair nestes dois impasses que são a idolatria e o desprezo.

Algumas vezes, nas nossas relações uns com os outros, estamos em idolatria, que é semelhante à paixão, que é uma maneira de pedir o absoluto a um ser relativo. Quando este ser nos decepciona, nós entramos no desprezo. Nós nos decepcionamos na medida da nossa expectativa e passamos de um lado para o outro. A pessoa que mais amamos torna-se a pessoa que mais detestamos. Isto ocorre na relação com um mestre quando ele não corresponde à nossa expectativa e então ficamos terrivelmente decepcionados, chegamos ao desespero, chegamos ao desprezo e podemos chegar ao suicídio. Vocês viram isso na atitude de Judas. Ele passou de um estado de idolatria, de uma esperança imensa em relação a Jesus, para um estado de decepção e de desespero. Portanto, para evitar isto, é necessário saber respeitar, em todo ser e em toda coisa, a dimensão divina e a dimensão humana.

A mesma coisa ocorre no modo pelo qual tocamos alguém. Pode-se tocar alguém somente como um objeto, como uma doença, como uma coisa, como um objeto de prazer, pode-se tocar alguém como a um Deus e, até mesmo, não ousar tocar. O importante é tocá-lo no meio, quer dizer, reconhecendo a dimensão divina da pessoa a quem tocamos, não esquecendo o Sopro que a habita, não esquecendo o espaço que existe nela, não esquecendo a divindade que está em seu ser. E manter os dois unidos.

Do mesmo modo, no nível das Escrituras Sagradas – alguns abrem a Bíblia e dizem: "É Deus que fala". Outros leem a Bíblia e veem que este texto foi composto por diferentes informações, que vêm de diferentes civilizações, babilônicas, egípcias, etc. Alguns estudam a Bíblia somente como um livro de literatura. De um lado é um livro unicamente humano e de outro lado uma palavra divina. Neste caso, encontrar o caminho do meio é encontrar a categoria da Palavra inspirada, isto é, uma palavra humana movida pelo Sopro, uma inspiração que vem de mais longe.

Assim, novamente, não se trata de idolatrar a Bíblia, de fazer dela uma palavra de Deus, mas não se trata, também, de desprezar este texto esquecendo a dimensão de inspiração que o habita. E então encontrar o caminho do respeito. Era assim que os Terapeutas de Alexandria liam as Escrituras, que lhes revelavam alguma coisa da vida divina, mas também alguma coisa da vida humana. É neste espírito que nós lemos a Bíblia. E nós a reconhecemos como uma inspiração para a evolução humana. Nela nós reconhecemos personagens muito humanos em seus desejos, em seus medos e estes personagens muito humanos eram habitados por uma esperança, por uma dimensão transpessoal que os colocava no caminho do divino.

O Caminho do Meio em Psicologia

O Filho

Nós poderíamos continuar a falar sobre o caminho do meio. Mas o que interessa ver agora é o ponto de vista psicológico e nos perguntarmos se existe também um caminho do meio no domínio da psicologia. Porque de um lado nós vemos o estudo do desejo, de outro lado, o estudo do "outro" no sentido freudiano e lacaniano do termo e, neste tipo de psicanálise, com Lacan e Freud, se insistirá sobre a figura do Pai.

Por outro lado, vemos em nós o desejo de si mesmo, da pessoa mesma, o desejo do Self. Jung fala do Self, assim como Freud fala do "outro". Jung fala principalmente da Mãe, a Grande Mãe, a Deusa-Mãe. Para Jung, vocês sabem, nós projetamos nossa própria mãe na Deusa-Mãe e é por isso que nossa mãe tem sobre nós um tão grande poder. Todo o trabalho do filho será o de descobrir que sua mãe é sua mãe e não a Deusa-Mãe. Neste momento ele sairá de uma relação de dependência, ele sairá de sua mãe. Mas, a questão que se coloca é: "Será que um dia nós saímos de nossa mãe?" Porque o desejo dela continua a nos habitar e, normalmente, entra aí a figura do Pai cujo papel é o de nos separar da mãe. E de permitir a diferenciação.

A verdade é que, em nossa psicologia, algumas vezes há um excesso de mãe e outras vezes um excesso de pai. Algumas vezes nós carecemos de mãe, nos falta carinho, nos falta fusão e então nós iremos procurar grupos de fusão. Outras vezes nós carecemos de pai, falta-nos coluna vertebral.

É interessante notar, nas doenças contemporâneas, um grande número de problemas com a coluna vertebral. Nas crianças e nos adultos que têm dificuldade a este nível, frequentemente faltou a figura paterna. O pai é o que dá a estrutura mas temos necessidade dos dois. E então chegamos a uma visão do que se chama o Filho: o filho e a filha, juntos.

Do ponto de vista psicológico há todo um trabalho a fazer para integrar a psicologia freudiano-lacaniana com a psicologia junguiana. Na França, por exemplo, os lacanianos e freudianos nunca falam dos junguianos. Para eles, estas pessoas vivem com os seus fantasmas. E se vocês frequentarem os círculos junguianos notarão um grande desprezo pelos freudianos. Porque dirão que eles estão sempre interessados em estórias de sexo e que não conhecem nada da dimensão espiritual.

Como vocês veem, no domínio da psicologia e no da teologia, este caminho de síntese está sempre no vir a ser e nós temos que, sem cessar, reencontrar nosso eixo, temos que reencontrar o nosso caminho do meio. Numa verdadeira escola de psicologia seria necessário integrar estas duas tendências: não ser unicamente junguiano e não ser unicamente freudiano, porque tanto um quanto o outro tem alguma coisa a nos ensinar sobre o ser humano, sobre nosso pai e nossa mãe, porque nós somos o fruto dos dois.

A comunhão

No domínio da sociedade encontramos também estes dois impasses. Há a sociedade que produz o individualismo, onde cada um é separado dos outros. É o mundo da solidão e neste tipo de sociedade se dirá que a comunicação, a verdadeira comunicação não é possível. Nós ficamos na superfície uns dos outros. Não entramos verdadeiramente na relação com o outro e a comunicação não é possível.

Do outro lado nós entramos em uma sociedade onde se negará a importância do indivíduo, em que se negará a importância do Ego, a importância do Eu e se dirá que a importância está na sociedade, o que caracteriza alguma forma de comunismo. O individualismo, com todos os egoísmos que ele supõe e o comunismo, com a negação da liberdade que ele supõe.

A imagem de algumas formas de sociedade poderia ser o chamado "Leito de Procusto", um mito grego. Procusto era um bandido que possuía uma floresta e uma imensa cama. Todos os que passavam na floresta eram colocados por ele em sua cama. Dos que eram muito grandes, Procusto cortava os pés e dos que eram muito pequenos, Procusto os esticava. Esta é uma imagem do que pode se tornar a nossa sociedade – corta-se o que está aberto a uma outra dimensão.

Eu estive na União Soviética durante o regime comunista. Aqueles que eram considerados como místicos ou como poetas eram aprisionados no Goulag. Algumas vezes se encontravam, em algum posto de chefia, pessoas que não estavam em seu lugar, que não tinham a competência necessária para assumir aquela responsabilidade. E assim, a alguns cortaram os pés e a outros muito foi pedido. Como escapar a estes dois impasses, a esta solidão, a esta falta de comunicação e a esta dissolução da personalidade? A esta negação do gênio próprio a cada um?

O caminho do meio é reencontrar uma comunidade, uma sociedade de comunhão. Isto é fácil de dizer, mas não é fácil de viver e de realizar... Porque na comunhão há o sentido do indivíduo, do que ele tem de único, de particular. Não há outro tu senão Tu. Mas ao mesmo tempo você não pode separá-los. Nós estamos interligados uns aos outros e, porque estamos interligados, não estamos separados nem misturados.

Novamente voltamos ao que dizíamos há pouco sobre o mundo da relação. Podemos realizar nosso futuro, mas com os outros. Não se trata simplesmente de ser. Trata-se de ser com. A este respeito, lembro-me das palavras dos antigos Terapeutas que resume muito bem sua atitude, sua atitude de comunhão e de relação, quando eles dizem à pessoa que vem para ser cuidada: "Vá em direção a você mesma; torne-se quem você é; eu não posso pensar por você, eu não posso querer por você; vá em direção a você mesma. *Mas eu estou com você!*" Não esquecer a última parte da frase.

Portanto o terapeuta ajuda alguém a ir para ele mesmo mas ele está junto para acompanhá-lo e os dois se mantêm juntos. Não estar com o outro para estar em seu lugar, para pensar em seu lugar, para interpretar os seus sonhos ou para resolver os seus problemas, mas para ajudá-lo a encontrar, por ele mesmo, a solução de suas próprias dificuldades. Estas palavras dos Terapeutas, vocês sabem, é também a palavra de Deus a Abraão, quando Deus disse: "Vá em direção a você mesmo! Eu estou com você no caminho!" Esta também é a palavra que o Amado diz à Amada no Cântico dos Cânticos. O Amado não diz somente à Amada: "Vem! Vem a mim!" Esta é uma etapa. Chega o momento em que ele diz: "Vá! Vá para você mesma!", porque amar alguém é amar sua liberdade.

Dizer a alguém: "Vá em direção a você mesmo", não quer dizer vá embora ou eu vou embora. Mas quer dizer: eu estou com você, não na dependência, não misturados, mas na relação, na comunhão, na comunhão de liberdade. Em uma comunidade transpessoal é isto que se poderia dizer uns aos outros: "Vá para você mesmo. Eu estou com você!"

Eu agradeço a atenção de vocês e lembro-lhes que esta síntese não é simplesmente um lindo sonho mas é um trabalho, um exercício interior. É um trabalho de integração, minuto após minuto, no interior do nosso vir a ser. Assim eu lhes desejo uma boa viagem!

O Caminho do Meio

Deus	Teântropos	Homem
Transcendência	Verdadeiro Deus e verdadeiro Homem	Imanência
2 – Separação	**3** – Aliança	**1** – Confusão
	Sábio e Profeta	
Cristo Divino	Sinergia	Cristo Humano
Fideísmo		Racionalismo
Idolatria	Respeito	Desprezo

Apêndice
(Perguntas e respostas)

1. Vocês podem observar que todas as interpretações que nós damos ao texto evangélico da Samaritana têm o sentido de dar a cada ser humano o seu próprio poder.

Em outras interpretações deste mesmo texto, o poder foi reservado a alguns padres e a algumas pessoas. E, neste caso, estabeleceu-se uma relação de dominação, uma relação de dependência, gerando um certo conflito.

Dizia-se, por exemplo, que os fariseus tinham roubado a chave do conhecimento e que Jesus queria dar a cada um a consciência de sua própria vida divina. Leonardo Boff nos falou sobre isso quando esteve conosco – que Jesus não quis fazer de nós cristãos mas sim outros Cristos.

Vimos, a propósito da samaritana, a que ponto o desejo pode nos tornar livres. Jesus não diz que as realidades materiais são más. Mas ele diz que elas podem nos fazer escravos. Escravos dos objetos materiais. Sermos possuídos pelo que possuímos, tornarmo-nos escravos de nossa paixão ou escravos de nossa religião.

Esta liberdade que nos é proposta talvez nos faça medo. Penso na religião dos Grandes Inquisidores. No belo livro de Dostoiévski, quando o Grande Inquisidor diz a Cristo: "Vai ser preciso te suprimir novamente porque tu queres uma liberdade muito grande para o homem. Nós também queremos a felicidade do homem. E o homem, para ser feliz, tem necessidade de que alguém lhe diga: isto é bom, isso é mau, faça isto, não faça aquilo. Nós queremos a felicidade da humanidade. Nós dizemos aos homens o que é bom e o que é mau. Ao invés disso, tu queres lhes dar uma liberdade muito grande e aí fica difícil".

Assim nós vamos preferir a felicidade de escravos, a felicidade da segurança, a felicidade da dependência, à felicidade de homens e mulheres livres. E há a cumplicidade dos dois lados. Da parte do padre, daquele que ensina, mas também da parte daquele que escuta, porque é cansativo pensar por si mesmo. E ele pede, algumas vezes, que os outros pensem por ele, que tal ou qual autoridade pense por ele.

Portanto não se trata de acusar seja quem for, mas de observar, em nós mesmos, a vontade do poder em relação com a preguiça. A demissão de nossa própria liberdade.

2. Sobre o bem e o mal

Uma questão que podemos colocar é que o bem e o mal não existem em relação a si mesmos. Podemos perguntar: O que é o mal para mim? O que é o bem para mim?

Reportemo-nos ao Livro do Gênesis onde se fala da árvore do bem e do mal e da árvore da vida. A árvore do bem e do mal simboliza um estado de consciência. É a consciência do Ego em si mesma. A consciência egocentrada. Porque o que eu chamo *bem* está em relação a mim mesmo. Ou em relação à sociedade em que me encontro. O que é bom em uma sociedade pode ser considerado mal ou pecado em outra sociedade.

Ao lado da árvore do bem e do mal, da felicidade e da infelicidade (aquilo que me torna feliz ou infeliz), está a árvore da vida. E a árvore da vida simboliza uma outra consciência. É a árvore do conhecimento teocentrado (centrado em Deus).

A queda é cair desta consciência teocentrada na consciência egocentrada. Na consciência teocentrada as coisas não são boas ou más. Elas são ou elas não são. Trata-se, nesta consciência, de aceitar Aquele que É, sem julgamento de valor. Sabendo sempre que o nosso Ego, o nosso Eu, pode achar agradável ou desagradável, feliz ou infeliz, bem ou mal. Neste caso, porém, a questão é ser ou não ser. Toda coisa que é, é criada pelo Ser que faz o ser.

Nós retomamos, então, o ensinamento a propósito de Maria Madalena, que mostra a sua consciência egocentrada. Jesus, na sua consciência teocentrada, via que esta mulher estava prestes a viver em profundidade. Ele via o amor que ela buscava, através de formas muitas vezes desajeitadas. Em vez de julgá-la, em vez de condená-la, era preciso colocá-la nela mesma, era preciso reencontrá-la.

Nós podemos retomar, também, um outro importante ensinamento evangélico em relação à *mulher adúltera*. Os sacerdotes e fariseus, que estão à sua volta, querem lapidá-la. Porque estava escrito que o adultério criava uma perturbação na sociedade e isto era mau. Jesus não diz se é bom ou mau. Ele abaixa os olhos e começa a escrever na areia com o dedo. Como que tomando tempo... Porque estes homens e estas mulheres estão em volta da mulher adúltera, com olhos de pedra, para apedrejá-la.

Jesus abaixa os olhos. Ele não a fere com o seu olhar. Ele não a fere com um julgamento. E diz esta frase muito forte: *"Quem dentre vós que não tem pecado, atire-lhe a primeira pedra".* Porque eles liam as Escrituras como um espelho no qual os outros pudessem se olhar. Um espelho que julga. E Jesus inverte o livro. O livro não é feito para julgar os outros. Ele é feito para que nos olhemos, para que nós nos conheçamos e para descobrir, em nós mesmos, o adultério que existe.

Há muitas maneiras de enganar a realidade. Podemos dormir na mesma cama e não dormir os mesmos sonhos. Podemos estar nos braços de alguém e pensar em outrem. São fatos que conhecemos. Em vez de dizer ao outro: "Você fez isto errado", é preciso descobrir, em nós mesmos, as mesmas dificuldades. E nos mantermos no caminho reto. Na integridade.

Jesus também é um terapeuta e, em vez de condenar, ele cuida, ele trata. A palavra que ele diz a essa mulher adúltera é: *"Vai!"* É uma palavra importante porque não a fecha nas consequências negativas dos seus atos.

Nós já falamos sobre a importância do perdão. Perdoar a alguém ou perdoar a nós mesmos é não ficar aprisionado nas consequências negativas dos nossos atos. É nos libertar. Porque, caso contrário, vamos encontrar o mesmo sofrimento, a mesma infelicidade.

O amor que você procura junto a seu amante e que você não encontra em seu marido, talvez não seja perto desse amante que você vai encontrar. É uma história semelhante à que vimos na samaritana. Jesus a recoloca na estrada e lhe permite não se identificar com estas imagens que a aprisionam. Ele é a não complacência unida ao amor e à confiança. A confiança em cada um leva à possibilidade de transformação. E à possibilidade de ir mais longe em seu caminho.

3. Sobre Pôncio Pilatos

Pilatos é também um personagem interessante. É a atitude de demissão, da não responsabilidade daquele que não quer se empenhar. Esta atitude encontra-se tanto no homem quanto na mulher, uma espécie de covardia diante dos acontecimentos. Porque Pilatos foi advertido pela mulher que num sonho alguém lhe havia dito que ele ia matar um inocente. Portanto, sua razão tinha sido iluminada pela intuição, pelo sonho. A consciência do despertar, do estado alerta, tinha sido iluminada pelo conhecimento do sonho.

Pilatos representa a inteligência humana, a inteligência particularmente masculina, que não quer escutar a mensagem do feminino. A razão que não quer escutar a mensagem da intuição. Isto terá consequências na ação e na vida quotidiana. Não se quer saber, não se quer conhecer, e então se deixa acontecer. Deixa-se cometer a injustiça.

Quando falávamos do Complexo de Jonas, falamos um pouco sobre este medo de Pôncio Pilatos. Foi quando dissemos que para os alemães, que habitavam Dachau, o melhor era não saber o que acontecia no campo de concentração, porque se eles soubessem, teriam que fazer alguma coisa. Portanto, Pôncio Pilatos é aquele que não quer saber, porque se ele sabe, se ele escuta a voz da sua mulher interior, ele não deixará que um inocente seja condenado.

4. Sobre a simbologia dos cabelos

Na Bíblia, os cabelos são considerados como antenas. Eles permitem entrar em contato com um mundo intermediário.

Na história de Sansão e Dalila, vocês se lembram de como a mulher cortou os cabelos de Sansão. Porque se dizia que a sua força estava em seus cabelos. Era uma maneira de cortar as suas antenas, de tirar delas a receptividade em relação ao outro mundo.

Maria Madalena é representada com os cabelos em desalinho para significar que as suas antenas estão desorientadas, apesar de muito vivas.

Na tradição antiga, quando uma mulher é casada, ela usa tranças. É um modo de inibir os homens à sua volta. Do mesmo modo, quando uma mulher está menstruada, ela prende seus cabelos. Quando ela os solta, está disponível, aberta. Claro que este simbolismo não funciona mais atualmente.

Eu creio, entretanto, que o que nós temos a encontrar é uma certa sensibilidade nos cabelos. Alguns já sentiram seus cabelos se arrepiarem. Nossos cabelos podem nos advertir, e esta é uma maneira de entrarmos em contato com outros mundos. Podem parecer detalhes, mas não podemos esquecer que somos um conjunto psicofísico e, do mesmo modo como podemos sentir algo mais com as mãos, podemos sentir algo mais com os cabelos. Os profetas são geralmente representados como pessoas que o Espírito vem pegar pelos cabelos.

Assim, no texto evangélico, representar Maria Madalena com os cabelos despenteados é, a um só tempo, mostrar a riqueza do seu desejo, a disponibilidade do seu ser e, também, a sua busca, a abertura das suas antenas e a presença da alma.

Há um elo a fazer entre a cabeça e os pés. No texto sobre Maria Madalena, os cabelos que envolvem os pés de Cristo significam, simbolicamente, a interligação entre a terra e o céu. É preciso descer às informações do Espírito, captadas por nossas antenas, até as nossas raízes, até os nossos pés. Esta é uma condição de integração.

Algumas vezes, na representação da Cabala, o ser humano é representado tendo os pés no céu e as raízes na terra. Nossos cabelos são nossas raízes no céu e nossos pés são nossas raízes na terra. Ser um ser humano é manter unidas estas raízes.

[O auditório pergunta sobre os carecas] – Vocês notaram que são quase sempre os homens que ficam calvos. Talvez fosse um estudo interessante a fazer num Instituto Holístico porque os cabelos estão interligados com a Totalidade.

A partir de um estudo sobre os cabelos pode-se reencontrar a totalidade do universo, do qual estes cabelos fazem parte. Eu penso, como elemento de reflexão, que no feminino há uma abertura mais simples e mais fácil, através da intuição, para que essas raízes se dirijam ao céu. Quando se utiliza somente o espírito masculino, racional, material, tem-se boas raízes na terra, mas talvez as raízes no céu estejam perdidas. E por isto nos tornamos calvos.

Eu pude observar e me perguntava por que os monges ortodoxos do Monte Atos continuam a ter cabelos muito longos, mesmo quando bem velhos. A mesma coisa se observa entre os Saniases da Índia. Não devemos, porém, generalizar. Porque monges budistas raspam a cabeça e as mulheres não budistas também o fazem. E se vocês têm um amigo calvo, não pensem que, obrigatoriamente, ele perdeu suas raízes no céu. E um homem de cabelos longos não é, obrigatoriamente, muito espiritual.

Devemos, porém, refletir sobre isso porque há exemplos perturbadores. Eu acompanhei agonizantes que eram calvos e pude observar que, uma vez mortos, durante um certo período de tempo os cabelos cresciam muito rapidamente. Isso faz parte das coisas que não se explicam e talvez seja o sinal de uma relação com outra dimensão.

5. Um sonho na noite anterior

Este sonho pode ser interpretado relacionando-o às antenas das quais falamos anteriormente. E as asas, com o mito do cavalo alado.

O homem pode perder suas asas, tanto quanto suas antenas. E o papel da psicologia transpessoal e de alguns exercícios tradicionais é de reencontrar nossas antenas.

A larva é feita para se tornar borboleta. Algumas vezes nós podemos sentir a queda das nossas asas e neste cair reside o começo do despertar em nossa consciência. Por isso não se pode destruir a larva, mas permitir que ela se transforme em borboleta. Não se pode destruir o Ego, mas abri-lo à dimensão do Self. Não destruir a pessoa, mas abrir-lhe a dimensão transpessoal.

Não é esmagando a larva que a ajudamos a tornar-se uma borboleta. Este sonho lembra a borboleta que somos. Esta borboleta adormecida à espera de abrir suas asas.

6. Sobre a coincidência da descoberta dos Evangelhos de Tomé e Maria em 1945 com o final da Segunda Guerra Mundial e o início da Nova Era em 1954, exatamente nove anos depois. Se podemos considerar estes fatos como a mudança de polaridade do planeta Terra.

Esta relação é de sincronicidade. É uma boa prática observarmos quando ocorre um acontecimento importante, o que ocorre em outros lugares do mundo nesse mesmo momento. Porque nós estamos relacionados a tudo o que ocorre. Podemos pôr em prática a psicologia e observar o que se passou no Universo no momento em que nascemos. É uma boa maneira de conhecermos a nós mesmos a nossa relação com a Totalidade.

A descoberta dos Evangelhos de Tomé e de Maria coincide com o término de uma guerra muito sangrenta. Uma guerra que surgiu pela oposição entre os povos e as nações. É um apelo para que saiamos deste estado de guerra e de violência. A origem da guerra, a origem da violência está nesta dualidade vivida como oposição.

O Evangelho de Tomé nos propõe o contrário, não como contrário, mas como complemento. E isto começa pelo relacionamento do masculino com o feminino. Porque a guerra começa em nossa cabeça, entre os dois hemisférios cerebrais. Na nossa família, na nossa história, no relacionamento entre casais, é preciso trabalhar naquilo que nos concerne. Esta atitude pode ter influência sobre o futuro do mundo.

Existe uma sincronicidade. Cada um poderá interpretá-la a seu modo. Infelizmente o fim da segunda grande guerra não foi o fim da guerra. Não foi o fim da guerra entre religiões porque ela ainda continua no Oriente Médio. Estes textos que nós descobrimos estão sempre por descobrir. Não basta descobri-los. É preciso vivê-los.

Nós podemos falar da entrada numa Nova Era, mas para que falar? Se nós não entrarmos em nós mesmos com um novo olhar, um novo tipo de relacionamento com os outros, um novo tipo de relacionamento entre a Terra e o Cosmos, tudo isto não passará de palavras. E não haverá mudança e Paz no mundo.

Descobrir o Evangelho de Tomé e os outros Evangelhos pode ser apenas adicionar mais um livro à biblioteca, em vez de encher mais o nosso espírito. Mas se os colocamos em prática, então ocorrerá alguma coisa interessante para nós mesmos, para as Igrejas e para o mundo.

Estes Evangelhos eram conhecidos nos primeiros séculos, pois encontramos testemunhos deles nos Padres da Igreja. Estes textos desapareceram num determinado momento porque não estavam de acordo com a interpretação dos acontecimentos evangélicos pelas igrejas dominantes. Desta maneira eles foram protegidos para que não fossem destruídos. O mesmo ocorreu com os textos de Qumran, às margens do Mar Morto, que foram escondidos em grutas para que os romanos não os destruíssem.

Todos estes textos foram descobertos por acaso. Os de Qumran, por exemplo, foram descobertos por um pastor enquanto conduzia as suas cabras. Uma das cabras caiu num buraco e, quando ele foi buscá-la, descobriu algumas ânforas que continham rolos de pergaminho.

7. Sobre a lei do carma

A lei do carma é a lei de causa e efeito em que tal ato desencadeará tal ou qual efeito. Esta lei do carma não é uma lei absoluta no vir a ser da existência. Há outro modo de abordar esta lei.

A propósito, eu penso numa passagem do Evangelho que retoma esta questão. Os discípulos trazem a Jesus um cego de nascença. E perguntam: "Para nascer cego assim, foi ele quem pecou ou foram seus pais?"

Portanto, é a questão do carma que se coloca, semelhante àquela que falamos a respeito do mal. Por que o mal, por que o sofrimento no mundo? Podemos procurar a causa deste sofrimento em nossa vida anterior. Esta é a primeira proposição dos discípulos – se este homem nasceu cego é porque, numa vida anterior, talvez ele tenha utilizado mal o seu olhar. A consequência dos seus atos passados é este novo nascimento. Ou há outras explicações propostas – seus pais é que foram responsáveis, o código genético foi o responsável. Ele é cego porque no encontro das duas mensagens genéticas de seus pais faltou alguma coisa.

Podemos explicar o mal buscando a causa, buscando o encadeamento de causa e efeito. Pensamos assim para nos tranquilizarmos sobre a explicação da cegueira desta pessoa ao nascer. O que o Cristo responde é: *"Não foi ele nem foram seus pais"*. Como se não precisasse procurar a causa numa vida anterior. Será preciso perguntar por que ele olhou desta ou daquela maneira na vida precedente. E então voltar a um período mais longínquo, porque toda vida será a consequência de uma outra vida.

Assim, se você procura a causa, você será obrigado a voltar de causa em causa, até a causa primeira. Do mesmo modo se você procura a causa em função do código genético, você perguntará por que os pais não transmitiram ao filho a informação completa, para que o filho nascesse com olhos que enxergam. Então será preciso procurar nos avós, perguntando por que os avós transmitiram este problema aos pais. E vamos buscar de vida em vida, mas a causa, a causa primeira, nos escapa.

Não quer dizer com isso que não seja preciso explicar o mal, explicar a razão desta ou daquela enfermidade mas, através da procura da causa, o que procuramos é o culpado. Quer sejamos nós mesmos numa vida anterior, quer sejam um dos pais ou um dos avós em outras vidas.

O que Jesus tenta nos dizer é: "Pare de procurar a causa mas, sobretudo, pare de procurar o culpado". Porque esta doença (e é assim que o texto continua) veio para manifestar a glória de Deus. E como é que se nasce cego para manifestar a glória de Deus? Ela se manifesta melhor neste caso do que pelo encadeamento de causas e efeitos infelizes.

O que é a glória de Deus? Em hebraico, a glória é o peso, a qualidade da presença. Isto quer dizer que esta doença pode ser ocasião para que a pessoa enferma manifeste, nela mesma, a presença da consciência. Porque com a mesma doença pode-se evoluir ou não evoluir. Entre duas pessoas que nascem cegas, uma pode despertar em si uma certa consciência e a outra fazer disso uma ocasião de revolta e de escândalo.

Portanto, a questão diante do mal, diante do sofrimento, diante do que se pode chamar o resultado do nosso carma ou do carma coletivo, é o que fazemos com eles. Será que podemos parar de acusar, de acusar a nós mesmos e aos outros, fazendo deste sofrimento uma ocasião de consciência?

É neste momento que a vida pode ser percebida como um dom. Um dom às vezes difícil de receber, porque o peso, a qualidade das memórias que existe em nós é grande. Mas é um dom na medida em que faz a consciência crescer em nós mesmos. É uma ocasião para manifestar a glória de Deus, a presença em nós do "sujeito". Então não seremos mais o "objeto" do nosso sofrimento, não seremos mais o "objeto" do nosso carma, mas seremos o "sujeito" do nosso sofrimento, o "sujeito" do nosso carma.

Ainda um outro exemplo, a propósito do condicionamento no qual nós podemos nascer, do ponto de vista astrológico. Neste caso não temos nenhuma responsabilidade. Santo Tomás de Aquino dizia: "Certamente a astrologia é importante, porque fazemos parte do Universo. E o momento do nosso nascimento está ligado a todos os acontecimentos que ocorrem no Universo, nesse mesmo momento. O homem depende dos astros, mas o sábio é maior que os astros".

Tudo o que lhe foi dado como peso, como qualidade de memória, como circunstâncias de vida, você pode ultrapassar. Não se trata de estar submisso à sua carta astrológica, mas trata-se de fazer dela um ponto de partida para sua evolução. Neste momento, o seu carma torna-se um dom, torna-se uma ocasião de desenvolvimento de sua consciência. No nosso nascimento recebemos mármore ou argila, nós não podemos mudar nada. O que depende de nós é fazermos deste mármore ou desta argila um penico ou uma Vênus de Milo.

A matéria é sempre a matéria, as memórias são as memórias, o que nós recebemos no nosso nascimento é o que recebemos no nosso nascimento. Mas podemos fazer disso tudo uma ocasião de transformação. Aí reside a nossa parte de liberdade. Nós somos condicionados, mas podemos fazer alguma coisa com este condicionamento. Nós podemos introduzir nele a consciência e o amor. Podemos fazer dele uma fatalidade ou um destino. Podemos fazer de nossa vida um dom da consciência.

8. Sobre o Colégio Internacional de Terapeutas e seu início no Brasil

Inicialmente eu gostaria de abordar o que existe na França, Suíça e Bélgica.

O Colégio dos Terapeutas reúne médicos, cirurgiões, psicólogos, mas também professores de Yoga, educadores e diferentes indivíduos que têm uma função de responsabilidade no cuidar das pessoas e da sociedade. Indivíduos que às vezes se sentem sozinhos na sua visão do ser humano, dentro do seu hospital ou no meio em que vivem.

O que os membros do Colégio dos Terapeutas têm em comum é, inicialmente, uma *Antropologia*. Não é uma religião, e cada um tem a sua. Não é um partido político, cada um tem o seu. Mas são pessoas que partilham da mesma visão do ser humano, que não opõem o corpo ao psiquismo e ao espírito. O modo com que eles trabalham é importante, porque algumas vezes se vai ao médico ou ao psicólogo e o trabalho de um pode destruir o trabalho do outro. Algumas vezes se está em uma prática espiritual e, se o psicólogo não tem uma antropologia espiritual, ele pode destruir o trabalho que se fez na prática da meditação. Da mesma maneira, alguns mestres espirituais, ou alguns padres, desconfiam da psicologia e podem destruir o trabalho que foi feito pelo psicólogo.

Assim, no colégio dos terapeutas, pode-se enviar uma pessoa que se acompanha para um outro membro do Colégio porque o problema que a pessoa apresenta é de sua competência, mas sabe-se que ele não destruirá o trabalho que se começou – porque se tem a mesma antropologia. Portanto, os membros desse Colégio têm em comum uma Antropologia. Eu creio que no Brasil aqueles que compartilham a visão holística e que são terapeutas em diferentes domínios podem colaborar para o bem-estar de todos porque a finalidade, evidentemente, é a saúde, é o despertar de todos os seres humanos.

No Colégio, igualmente, há o engajamento numa determinada *Ética*. Esta Ética é a ética do Respeito, este caminho do meio que já evocamos. É um respeito pelo corpo, não há desprezo pela matéria. É um respeito pela psicologia, pelas memórias que nos habitam e é também um respeito pela dimensão espiritual, pelas imagens, pelas religiões, que podem nos guiar neste caminho espiritual. Esta Ética implica comportamento bem concreto.

Os Terapeutas se engajam também numa *Prática*. Uma prática de meditação e de silêncio a cada dia. Esta parece uma exigência importante porque os Terapeutas devem se lembrar de que eles acompanham as pessoas não somente com a competência do Eu, mas com a presença do Self e o tempo de silêncio, o tempo de meditação são o momento onde eles retornam ao Self. É a partir do Self que ele vai executar o seu trabalho e acompanhar as pessoas que se confiam a ele.

Isto pode não parecer muito original, no entanto é um sinal interessante, porque não se entra no Colégio dos Terapeutas, mas se é reconhecido como tal, porque se comunga a mesma Antropologia, a mesma Ética e a mesma Prática.

Há também uma *Prática de Estudo*, de formação permanente e esta formação abrange tanto as descobertas mais recentes quanto as tradições mais antigas. É um esforço para manter juntas a tradição e a modernidade. Nos seus estudos os Terapeutas se interessam pelas últimas descobertas, mas a cada dia eles dispensam tempo para estudar os textos sagrados, sabendo que esses textos sagrados e sua interpretação vão ter uma influência sobre a maneira de interpretar os sintomas ou os sonhos das pessoas que eles acompanham. Mostrando que a interpretação de um texto, em diferentes níveis, vai nos ajudar a interpretar os sintomas em diferentes níveis. E que o doente é, frequentemente, uma pessoa que se fechou num único nível de interpretação simbólica. Os terapeutas terão que abrir, sem cessar, esta interpretação, para evitar a identificação – são assuntos dos quais nós já falamos. Portanto, concretamente, homens e mulheres se reconhecem numa mesma Antropologia, numa mesma Ética, numa mesma Prática e num mesmo Estudo.

Há também outros elementos que nós poderíamos desenvolver com relação às *dez orientações maiores* do Colégio dos Terapeutas. Não são dez ordens, são dez orientações que não obrigam, mas que inspiram e criam um clima de exigência para cada um. Porque hoje, no mundo dos terapeutas, nós sabemos que por trás desse nome se coloca às vezes não importa o quê.

Quando alguém vai a um terapeuta pertencente ao Colégio Internacional de Terapeutas, ele está seguro que este profissional não somente é competente em seu trabalho como é uma pessoa que medita, uma pessoa que estuda, que não opõe a tradição à modernidade, é uma pessoa que vai respeitá-lo em sua inteireza humana. Porque ele sabe que, na antropologia do terapeuta, se este deve se ocupar do seu corpo, não esquecerá a dimensão espiritual humana. E se ele pede um conselho espiritual a este terapeuta, ele sabe que o terapeuta pode ajudá-lo espiritualmente e ainda lhe receitar vitaminas e dietas.

Estes homens e mulheres, na França, são frequentemente solitários e o Colégio é um lugar onde eles se encontram, não somente porque têm simpatia uns pelos outros, mas também porque eles vivem uma fraternidade ao nível do Ser. Não é simplesmente uma amizade afetuosa, algumas vezes eles compartilham conceitos diferentes. Lá, freudianos e junguianos podem se falar, porque eles sabem que não são senão isso, que eles desenvolveram mais uma competência que outra, tendo necessidade da outra como complementação.

Eu fico muito feliz e emocionado ao saber que Roberto Crema vai desenvolver no Brasil este espírito e esta prática dos antigos Terapeutas. Isto supõe, da parte dos terapeutas interessados, um certo número de preliminares: o de ter refletido sobre sua antropologia, sobre sua visão do mundo, de ter refletido sobre sua ética e estar pronto para entrar numa prática. Então ele pode fazer o pedido para ser reconhecido como Terapeuta no Colégio e receber a *transmissão* (A transmissão nos vem dos Terapeutas de Alexandria), as dez orientações maiores e também o manto de meditação, para lembrar a cada um que, quando estamos em solidão, nas dificuldades de nosso trabalho, nós não estamos sozinhos, temos irmãos e irmãs que trabalham no mesmo espírito. Este manto simboliza também a presença do Ser que nos guia e nos envolve.

Há também, no ritual de entrada ao Colégio, um momento importante, onde o Terapeuta-Acompanhante dá uma bênção e transmite por suas palavras e pela imposição de suas mãos e das mãos de quatro testemunhas que estão em torno dele alguma coisa desta energia que vem dos antigos Terapeutas. E, assim, há como um fio no coração do Terapeuta que está como que ligado à sabedoria e ao amor destes antigos Terapeutas. Isto pode ser uma ajuda para ele. Porque quando ele for trabalhar, ele trabalhará não somente com sua energia, não somente com a energia do Ser, com a energia do Self, mas ele trabalhará, também, com a energia dos Terapeutas de Alexandria, o que dá uma certa qualidade à sua escuta e à sua ação.

E o que eu desejo ao Brasil é que este espírito e esta prática se desenvolvam na simplicidade, na humildade, mas também na grandeza que é a vocação dos Terapeutas.

Eu agradeço muito a Roberto Crema de ser para nós e para vocês um grande testemunho desta vocação.

9. Se o ritual a ser realizado ao final do seminário, do batismo por imersão, estará aberto aos não católicos. Se ele determina uma iniciação, um compromisso com a Igreja Católica ou se tem um significado mais amplo.

Esta é uma grande pergunta. Se eu entendi bem, a questão é de, inicialmente, precisar o que é o batismo, o que é o batismo na tradição, o que é o batismo em relação a uma igreja particular, à Igreja Católica que, eu creio, está muito presente no Brasil.

É preciso lembrar que em suas origens a Igreja era uma comunhão de igrejas. A igreja que estava em Jerusalém, a igreja que estava em Antioquia (foi lá que, pela primeira vez, os homens e as mulheres receberam o nome de cristãos), a igreja que estava em Alexandria, a igreja que estava em Roma. Portanto, a Igreja era uma comunhão de igrejas. É verdade que, em determinado momento da história, na Idade Média, a igreja de Roma separou-se da comunhão com as outras igrejas. Ora, a igreja de Roma dirá que foram as outras igrejas que se separaram da comunhão com ela.

O que eu direi, para começar, é que a igreja de Roma é uma igreja mas que há outras que estão em comunhão com as palavras do Cristo, com o seu ensinamento e com os rituais que nos foram comunicados no primeiro século. Essas igrejas são chamadas de *Igrejas Ortodoxas*: a igreja sediada em Jerusalém, a que está sediada na Grécia, a sediada na Rússia. Todas estas diferentes igrejas são Igrejas Ortodoxas que reconhecem, é claro, a Igreja Católica, que reconhecem a igreja de Roma, mas não aceitam que Roma possa ter poder sobre elas.

Cada igreja foi fundada por um apóstolo. Já nos referimos à igreja da Índia, que foi fundada pelo apóstolo Tomé. As Igrejas Ortodoxas estão em comunhão umas com as outras, respeitam a igreja de Roma porque sua fé é a fé cristã, mas a diferença é que elas não dão ao papa um poder jurídico. Elas reconhecem que Pedro foi o escolhido, entre os apóstolos, para expressar a fé comum, mas Jesus não lhe deu um poder jurídico sobre os outros apóstolos. Esta é a primeira coisa a lembrar.

Se você não é católico, se você não quer ser católico, o batismo que nós iremos vivenciar hoje pela manhã é um batismo que é testemunho de uma época onde católicos e ortodoxos não estavam separados. É um ritual que pertence à tradição da igreja indivisa – não dividida. E que, mais profundamente ainda, do ponto de vista antropológico este ritual pode nos unir neste processo de transformação que é o nosso, mesmo que não pertençamos a nenhuma igreja.

Portanto, o que é o batismo? O que é a iniciação cristã? É preciso notar que nos primeiros séculos a imersão na água, a confirmação com o óleo e a comunhão não eram separados. Os três são um e simbolizam a união das vias purgativa, iluminativa e unitiva.

A imersão na água simboliza o *caminho purgativo*. Quer dizer, é a purificação do nosso carma, de todas estas memórias que carregamos conosco desde que nascemos. De tudo o que está inscrito nas nossas células. Nós temos necessidade de sermos lavados, de sermos limpos. Nesta imersão na água (em grego, a palavra batismo quer dizer estar verdadeiramente mergulhado, da cabeça aos pés), todo o nosso ser tem a necessidade de se tornar limpo. É claro que o fato de estar dentro da água não é tão simples. Não é porque estamos imersos na água que vamos deixar nela todo o nosso carma, mas é um símbolo de que nós temos que nos limpar e nos purificar sem cessar, para reencontrar nossa inocência, nossa natureza verdadeira, nossa natureza de filhos de Deus.

Quando os pais pedem que seus filhos sejam batizados, o que eles querem lhes dar não é somente uma vida imortal, mas também uma vida espiritual. Os pais querem dar a seus filhos uma vida humana muito bonita e, quando os conduzem ao batismo, eles lhes desejam o nascimento para uma vida incriada, na qual este filho, seu filho, se torna também o filho de Deus.

A segunda etapa é o *caminho da iluminação* e isto se fará através do ritual do óleo – óleo que é um símbolo da luz e o que permite o crescimento da chama. É importante ter o óleo em si mesmo para que a chama do Ser se torne viva e brilhante. Faz-se o Sinal da Cruz com o óleo em diferentes partes do corpo e vocês notarão que estas diferentes partes do corpo correspondem, em algumas tradições antropológicas, ao que se chama *chakras*.

Trata-se de abrir em nós todas as portas da percepção, à altura da cabeça, do coração, do ventre, dos joelhos, dos pés, das mãos e, em cada lugar do corpo, colocar um pouco do óleo com uma palavra que lembra a este corpo que ele não é o túmulo da alma, mas o templo do Espírito Santo. E que este corpo foi feito

226

para se deixar habitar pela presença da luz. Trata-se de abrir cada uma destas portas, cada uma destas janelas e, pelo Sinal da Cruz, abrir a janela para o alto, para baixo, reencontrando suas raízes na terra e no céu.

Além disso é também abrir o corpo, o coração e o espírito na horizontal. Este é um bom símbolo do caminho do meio, colocando juntos a vertical e a horizontal, colocando juntos o caminho que sobe do homem ao divino e o caminho do divino que se volta para o homem. Vocês se lembram destes símbolos, dos quais já falamos – os símbolos do caminho do meio.

Fazer o Sinal da Cruz sobre uma pessoa é abri-la em todas as direções, é introduzir a luz no seu ser.

Este símbolo era o símbolo de Salomão – o caminho que sobe em direção a Deus e o caminho que desce em direção aos homens. É preciso, novamente, reencontrar o nosso centro porque em nossa vida nossas estrelas estão caídas.

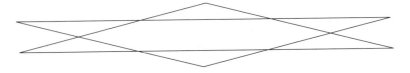

Em alguns de nós, as estrelas parecem um pouco com esta figura – a vontade e a razão preencheram todos os espaços e a graça é uma espécie de chapeuzinho que vem coroar os nossos esforços.

Para outros, as estrelas se parecem a esta outra figura – é Deus quem faz tudo e o homem está como que esmagado, com sua dimensão humana esquecida. Estes dois símbolos são símbolos de sinergia e nesta segunda etapa do batismo, quando fazemos o Sinal da Cruz com óleo sobre alguém, nós o convidamos a reencontrar a sua estrela que deve iluminar seu caminho e guiá-lo através da noite.

A seguir vem a terceira etapa, a do *caminho unitivo* ou *unificador*, o momento da comunhão por meio do pão e do vinho. O que simbolizam o pão e o vinho? Diz-se que eles se tornam o corpo e o sangue de Cristo. O que é o corpo e o sangue de Cristo?

Para os Antigos, o pão e o corpo simbolizam a *Práxis,* simbolizam a ação. Quer dizer que, ao comer o pão, eu desejo partilhar a ação mesma de Cristo, nutrir-me de sua ação, agir como ele agiu.

O vinho e o sangue simbolizam a *Gnósis,* isto é, o conhecimento, a contemplação. Portanto, quando eu bebo o vinho e o sangue, eu digo a mim mesmo que eu quero entrar na contemplação do Cristo, entrar na intimidade que ele tinha com seu Pai, entrar na relação que ele tinha com a fonte do seu Ser.

Assim, comungar o pão e o vinho, o corpo e o sangue, que são sinais sensíveis, sacramentos, realidades visíveis, é um convite à realização do invisível para deixar agir em nós a ação e a contemplação de Cristo, isto é, o amor e o conhecimento que estavam em Cristo. Quando eu me nutro do pão e do vinho é o Eu que se nutre do Self e, a partir do Self, eu quero transformar minha existência.

Estas três etapas não estão separadas. É por isto que na tradição antiga a imersão na água, a unção com óleo e a comunhão, eram dadas aos bebês. Porque, de um ponto de vista teológico, de um ponto de vista iniciático, estas três etapas não podem ser separadas. Foi no decorrer da história que se separaram estes momentos, quando havia cada vez mais pessoas e o bispo de cada igreja queria guardar para si uma espécie de poder. Então ele pedia aos padres para celebrar apenas a imersão na água e ele então, mais tarde, celebraria a crisma. Mas é pena que tenham separado estas três etapas.

No ritual desta manhã, não se separarão as etapas. Todos aqueles que quiserem mergulhar na água receberão a unção do óleo e poderão comungar.

Há também o ritual do sal. O sal que é, por um lado, um símbolo de sabor, conferindo a cada alimento seu gosto e que, por outro lado, permite que um alimento se conserve. É por isto que na tradição antiga, durante a leitura do Evangelho, coloca-se nos lábios um pouco de sal. Para que nós possamos conservar esta Palavra, nós possamos guardá-la em nós mesmos. Para que nós conheçamos o verdadeiro sabor da vida. Sabendo que este sabor é alguma coisa a provar, a receber, mas também é alguma coisa a doar. Para doar a todas as coisas um sabor de consciência, introduzindo em nossos atos o sal da consciência, o sal do amor.

Existem outros símbolos como o da vela, das vestes brancas, mas o tempo passa e o bebê que está aqui ao lado, nos braços de sua mãe, está reclamando. Eu queria dizer a vocês que cada um se sinta verdadeiramente livre para ser imerso ou não. O importante não é o ritual exterior, o importante é a transformação de cada um. Nossa obra-prima somos nós mesmos, é a nossa própria transformação e o nosso ritual exterior não é senão um convite para entrar na realidade que estes símbolos nos propõem.

Agradeço, novamente, a vocês, agradeço àqueles que devem partir agora e lhes desejo uma boa viagem, um bom mergulho em profundidade, uma boa abertura de todas as janelas do seu ser e uma comunhão profunda com o Ser, com o Ser da consciência, o Ser de Amor que vive em cada um de nós.

Conecte-se conosco:

 facebook.com/editoravozes

 @editoravozes

 @editora_vozes

 youtube.com/editoravozes

 +55 24 2233-9033

www.vozes.com.br

Conheça nossas lojas:

www.livrariavozes.com.br

Belo Horizonte – Brasília – Campinas – Cuiabá – Curitiba
Fortaleza – Juiz de Fora – Petrópolis – Recife – São Paulo

EDITORA VOZES LTDA.
Rua Frei Luís, 100 – Centro – Cep 25689-900 – Petrópolis, RJ
Tel.: (24) 2233-9000 – E-mail: vendas@vozes.com.br